名校集群

教育共同富裕的上城探索

"上城教育高质量发展系列丛书"编委会
编　著

图书在版编目（CIP）数据

名校集群：教育共同富裕的上城探索 / “上城教育高质量发展系列丛书”编委会编著 .—上海：上海交通大学出版社，2023.5

ISBN 978-7-313-28546-1

Ⅰ.①名… Ⅱ.①上… Ⅲ.①地方教育—发展—研究—杭州 Ⅳ.①G527.551

中国国家版本馆 CIP 数据核字（2023）第 064364 号

名校集群：教育共同富裕的上城探索

MINGXIAO JIQUN: JIAOYU GONGTONG FUYU DE SHANGCHENG TANSUO

编　　著：“上城教育高质量发展系列丛书”编委会

出版发行：上海交通大学出版社　　地　　址：上海市番禺路 951 号

邮政编码：200030　　电　　话：021-64071208

印　　刷：杭州捷派印务有限公司　　经　　销：全国新华书店

开　　本：710mm×1000mm　1/16　　印　　张：15

字　　数：214 千字

版　　次：2023 年 5 月第 1 版　　印　　次：2023 年 5 月第 1 次印刷

书　　号：ISBN 978-7-313-28546-1

定　　价：78.00 元

“上城教育高质量发展系列丛书”编委会

本册编委会

总　序

⊙

2022 年 10 月，中国共产党第二十次全国代表大会胜利召开。党的二十大报告指出：从现在起，中国共产党的中心任务就是团结带领全国各族人民全面建成社会主义现代化强国、实现第二个百年奋斗目标，以中国式现代化全面推进中华民族伟大复兴。高质量发展是全面建设社会主义现代化国家的首要任务，而教育又是全面建设社会主义现代化国家的基础性、战略性支撑之一。

建设高质量教育体系，要以改革教育教学为动力。教育工作者要转变教育观念，遵循青少年儿童发展规律，践行“顺性教育”理念；要改革培养人才模式，改善教育方式方法，改进教育评价制度，落实“双减”要求，推进素质教育；要科学地运用信息技术，促进教育数字化，把现代技术与优秀教育传统相结合，促进教育现代化。

杭州市上城区作为长三角主要城市的中心城区，历史悠久，底蕴深厚，在探索教育高质量发展的实践方面起步较早，形成了很多具有区域特色的发展经验。这些年来，我多次到过上城，访问参观多所学校，与上城的教育行政干部和学校教师有所接触，并目睹了上城教育发生的变化，我认为以下几个方面值得关注：

一是以创新发展推动教育改革。“惟改革者进，惟创新者强。”一直以来，上城都肩负着为教育改革探路先行的历史使命，在理念、机制、服务创新方面作出了有益的尝试。在数字化时代的背景下，上城全面推进教育领域的数字化改革，构建了数字化、空间化、智能化、一体化的数智治理格局。此外，上城重视家庭教育，在全国首创“星级家长执照”，开创家长“持证上岗”的先河，为家校协同育人探索了新的路径。

二是以协调发展促进优质均衡。教育高质量是实现全学段、全领域、全系统的优质均衡，是在政府、学校、社会等主体之间建立良性互动。上城加大统筹力度，开发上线“淘活动”平台，有效整合各类校内外活动资源，打造“九养上城”课程体系，让城市居民乐享终身学习，让各级各类教育的价值与功能实现最大化和最优化。

三是以绿色发展提升育人品质。教育的高质量是在“质”与“量”方面都达到高水准，关注的是人的可持续发展。上城坚持以学生为本，尊重学生的身心发展规律。一方面，深入推进面向学生、教师、学校的教育评价改革，树立科学的教育质量观和人才培养观。另一方面，将课堂作为立德树人的主渠道，启动“思维课堂”研究，实现课堂从“知识立意”“能力立意”到“素养立意”，以思维发展促进学生核心素养落地。

四是以开放发展实现要素整合。高质量的教育体系是开放的，包括系统内部各类资源的开放，也包括系统外部各种要素的开放。上城坚持开放的教育理念，着力打破校园围墙与学科壁垒，探索建设区域学习中心，以“走班—走校—走社会”的新型学习机制，促进学生个性化发展。坚持以德化人，打造特色德育品牌“行走德育”，让学生走出校园、走入社会，以“行走”的方式践行社会主义核心价值观。

五是以共享发展助力教育公平。共同富裕是新时代的命题，教育均衡发展是共同富裕的基础，也是共同富裕的重要体现。上城在共同富裕的背景下，创新名校集群的发展范式，打造教育“新共同体”十大模式，强化师资队伍建设，以“五阶段、五梯队、多维度”的“教育人才多维生长台”助力教师专业发展，促进优质教育资源为群众所共享，以教育公平促进社会公平正义。

上城教育的发展，充分体现其对教育高质量发展的解读、思考与实践，展现了上城胸怀“国之大者”的视野与格局。上城教育编写出版的“上城教育高质量发展系列丛书”，全面梳理并总结了其教育改革发展的成果，涵盖名校集群建设、教育数字化改革、课堂教学改革、教育评价改革、教师培养、学校德育、家庭教育等方方面面，内容丰富、站位高远、系统性强，既有科学的教育理论，又有典型的经验案例，体现了理论与实践的统一、科学与趣味的统一。

“上城教育高质量发展系列丛书”汇集了上城教育育人实践的精华，凝聚了很多有价值的发展经验，为各地的教育改革发展提供了参考和借鉴的对象，有助于建设高质量的教育体系。相信更多的教育人能够从书中得到启迪，进一步锐意改革、积极创新，有力推动教育高质量发展。祝贺本套丛书的出版问世！

是为序。

顾明远

北京师范大学资深教授

中国教育学会名誉会长

2022 年 11 月 28 日

序

⊙

教育是国之大计、党之大计，是关系千家万户、千秋万代的民生工程。党的二十大报告指出："中国式现代化是全体人民共同富裕的现代化。"让每个孩子享有公平而有质量的教育是教育改革与发展的内在要求，更是教育高质量发展的应有之义。如何在高质量发展中促进教育共同富裕，是新时代教育发展的重要命题。

过去的十年是上城区城市发展最为迅速、新校（园）交付最为密集的时期，也是教育变革最为显著、群众期待最为迫切的时期。2021 年，杭州市实施部分行政区域优化调整，上城区进入了"西湖时代"与"钱塘江时代"融合的新时代。所有这些变化都给教育带来了极大的发展空间和资源整合的机会，如何从老百姓最关心的问题入手增加公共服务供给，如何提高基础教育公共服务水平，如何进一步实现基础教育的优质均衡，促进教育公平，提高教育质量，实现教育共同富裕，是迫切需要解决的课题，也是区域面临的难题。这些年来，上城区教育从实际出发，主动作为，积极谋划，通过名校集群建设，努力破解难题，成为高水平建设优质均衡、人民满意的美好教育引领区和全国基础教育改革的实践示范区。我以为，上城的名校集群，实现了以下三个突破。

一是回应时代命题，赋予名校集群新内涵。上城的名校集群是区域基础教育优质均衡的实践探索，是对名校集团化的发展和超越，是顺应时代发展的上城智慧的产物。它秉持从“差距”走向“差异”、从“分享”走向“共享”、从“先富”走向“共富”的共同富裕理念，以名校这一稀缺的优质教育资源为依托，通过资源重组、制度重建和技术迭代等路径，不断丰富优质教育资源的提供类型和实现形式，拓宽供给广度，着力解决人民群众最关切的“上好学”和“培养人”等教育公平的本质问题，努力实现区域内基础教育的优质均衡，并不断推进跨区域基础教育的优质均衡，体现了上城教育人对推进教育共同富裕在理论与实践层面的积极回应和有效行动，背后彰显的是上城教育人强烈的社会责任感和使命担当意识。

二是立足系统设计，促进健康可持续发展。上城区的名校集群建设，不是“拍脑袋”工程，而是一项区域发展战略，经过深入调研、缜密思考、科学论证，提出了比较成熟的行动路径和实践类型。上城区根据各个片区和学校的现状与特点，因地制宜采取针对性策略，形成了“四式十型”的整体架构，即以“区域优势资源内生、外部资源注入借力、多元联动跨界和价值植入融创”为主要方式，以“名校新校、名人名校、集群联智、院校合作、普优协同、跨学段校、跨体制校、校企合作、教师联盟、区域联合”为实践类型，力求在学校、片区提质的基础上，实现全域教育优质均衡发展，扎实推进教育共同富裕。由于上城区进行了系统设计、整体谋划，使得名校集群建设这一创新举措在推进过程中更有针对性，提高了改革的实效，减少了许多不可预测性，降低了改革的风险。

三是基于发展创新，提供实践智慧。上城的名校集群建设从点上“名校新校”的“一枝独秀”到面上“四式十型”，经历了由点及面纵深推进的过程，逐渐由“盆景”发展成了“风景”，实践案例百花齐放，在全域基础教育阶段实现了无盲区、全覆盖，优质教育资源惠及上城千家万户。我们可以清晰地感受到，上城的名校集群建设，既有理性的力量和谋划，更是来自实践的感悟与经验，走出了一条实现全域教育优质均衡发展的上城道路，丰富了基础教育共同富裕目标的实现路径，为其他地区提供了可复制的上城范本。

毋庸置疑，上城的名校集群建设取得了积极的成效。在推进名校集群建设过程中，全面提升了上城教育的均衡度、优质度和国际化水平，全力打响了上城“美好教育引领区”品牌。家门口的好学校越来越多，学生综合素质显著提升，人民群众真正拥有了优质教育的获得感。“名校就在家门口”“名师就在我身边”在上城已成为现实。希望上城教育人，在全面建设独具韵味的国际化现代化共同富裕典范城区的新征程中，继续奋力谱写中国式现代化上城教育篇章，在“钱塘繁华之上，城市纵横之央”，铺展无限可能。

是为序。

浙江省关工委副主任
浙江省教育厅原副厅长

2023 年春于杭城

目 录
CONTENTS

第一章
绪论：上城教育的发展轨迹

上城区作为杭州最古老的城区之一，已全面完成行政区划优化调整的战略任务，经济社会各项事业发展取得显著成效，先后获得国家级生态示范区、全国社区治理和服务创新实验区、全国义务教育发展基本均衡区等一大批国家和省市级荣誉。上城教育源远流长，伴随区域融合发展，上城教育规模迅速扩张，教育实力快速提升，教育综合改革高效实施，名校集群化迭代发展，同时也面临新机遇和新挑战。上城教育秉持“教好每一名学生，成就每一位教师，办好每一所学校，幸福每一个家庭”的教育理想，加快形成“名校就在家门口，名师就在我身边”的美好教育新格局，全力打造优质均衡、人民满意的美好教育引领区。

第一节
诉求：新时代上城教育发展的态势

⊙

2021 年 4 月 9 日，经国务院批复同意，杭州市宣布正式启动部分行政区划优化调整工作，原上城区、江干区的行政区域（不含下沙街道、白杨街道）调整为新的上城区的行政区域。全区面积 122 平方千米，常住人口 132 万人，其中户籍人口 84 万人，下辖 14 个街道，201 个村社。

一、上城区区位特点和发展态势

上城区是杭州的中心城区，有着源远流长的文化历史和优美的自然风光，被称作杭州的“城市客厅”，展示了杭州历史与现实交汇的独特韵味。2021 年，上城区调整行政区划，促进了“西湖时代”与“钱塘江时代”的新融合，新上城集聚了杭州城市精华和底蕴，成为了杭州的城市发展新中心、国际交流新窗口、文化传承新前沿。

1. 上城区的区位特点

上城区是杭州市委、市政府所在地，区域优势得天独厚，现有亚洲最大高铁枢纽之一的杭州火车东站、城市中央铁路枢纽杭州城站、华东最大客运中心杭州汽车（九堡）客运中心，以及首批全国示范步行街之一的湖滨步行街、省级高品质步行街试点之一的清河坊步行街等“城市风景线”、市民中心、杭州国际会议中心、杭州大剧院等已经成为全市发展的鲜明地标。上城区历史文化底蕴深厚，自古以来是杭州城市的核心部位，曾是隋唐至民国时期的州治所在地，也是南宋的皇城所在地。上城区承载了吴越文化、南宋文化、钱塘江文化，保存了南宋皇城大遗址，拥有超过全市一半的历史建筑、历史地段、历史街区和各级文保单位，其中有 9 处是国家级文物保护单位。这里诞生了中华人民共和国第一个居民委员会和浙江省第一个党小组、第一个团小组、第一个工人运动小组，小营·江南红巷曾接待过毛泽东、习近平等党和国家领导人。

2. 上城区的发展态势

“十四五”以来，上城区全力构建“一轴引领、双核驱动、五星辉映”空间新格局。“一轴引领”即以长 19 千米的钱塘江黄金岸线为主轴，促进高效率要素流动、高效益产业集聚、高品质产城融合，成为优质资源高效集聚的黄金发展轴。“双核驱动”即借助钱江新城国际总部发展核与湖滨国际时尚消费核驱动上城未来高质量发展。“五星辉映”即打造文化传承之星、高端服务之星、商务数智之星、创新活力之星、共同富裕之星，带动城市提升综合承载力，成为展现杭州气派、集聚杭州风采的主平台。

上城区深入实施“八大工程”，即区域融合工程、改革增效工程、产业升级工程、品质提升工程、文化兴盛工程、民生普惠工程、系统施治工程、同心聚力工程，以一往无前的姿态，奋力打造改革引领新高地；以勇立潮头的雄心，奋力打造高端产业新高地；以守正创新的精神，奋力打造宋韵文化新高地；以久久为功的执着，奋力打造品质生活新高地；以砥砺前行的干劲，奋力打造精细治理新高地，加快建设独具韵味的国际化现代化共同富裕典范城区。

上城区全面把握“双强联合”互补优势，最大限度发挥亚运综合效应，充分发挥“金靴子”的奔跑带动作用，致力成为展示经济高质量发展的窗口、具有独特韵味的历史与现实交汇的窗口、美丽杭州绿色发展的窗口、新时代人民美好生活的窗口；致力实现地区生产总值、人均生产总值、科技创新能力、人才总量的持续跃升，以及城区面貌精致美丽、绿色和谐共生、全体人民共同富裕的美好生态。

二、上城教育发展现状

据 2022 年的数据，上城区现有各级各类学校（幼儿园）208 所，其中幼儿园 108 所、小学 55 所、初级中学 21 所、九年一贯制学校 16 所、十二年一贯制学校 2 所、普高 1 所、职高 1 所、特殊教育学校 2 所、外籍人员子女专门学校 2 所。全区在校学生 159789 人，其中在园幼儿 44053 人，义务教育段中小学生 113069 人，高中阶段学生 2341 人。全系统教职员工 15940 人，其中专任教师 11921 人，在编教职工 10100 人，学历合格率 100%。教育设施总面积为 296.58 万平方米。

上城教育紧紧围绕“打造优质均衡、人民满意的美好教育引领区”的建设目标，踔厉奋发，笃行不怠，为浙江高质量发展建设共同富裕示范区打造上城样板，如链接 1-1-1 所示。

链接 1-1-1 上城教育 2022 年宣传片

区域优化调整以来，上城教育在区委、区政府的领导和上级教育部门的指导下，全面深化教育领域综合改革，落实立德树人根本任务，实现区域教育优质均衡发展。上城区先后获评“国家信息化教学实验区”“基础教育国家级优秀教学成果推广应用示范区”2 个国家级荣誉，全区教育现代化指数位列全省前列，学习型城市发展指数全省第一，学前教育补短提升工程获省政府督查表彰，成功创建浙江省艺术教育实验区、浙江省“数据驱动教育教学”试点区，荣获 2022 年度浙江省教育工作业绩考核优胜、杭州市教育业绩考评第一的好成绩，教育现代化发展水平全市第一、全省 A 等，高质量通过全国义务教育优质均衡发展区省级评估，区域教育综合实力领跑全省。

1. 聚焦育人品质，实现学生素质显著提升

上城教育聚焦育人品质，全面落实“五育并举”，以建设“美好教育”为目标，坚持面向全体学生、体现全面发展、注重教育全过程，创建和深化“行走德育”“健康校园”品牌，推进学生体育锻炼“双 2 +”工程，打造多元化的艺术项目“共同体”；深化劳动教育，推进“小农人”养成计划，构建育人工作新体系、新范式，获评全国未成年人思想道德建设先进单位；创新思政一体化建设，率先成立新时代课程思政教学联盟，创建“红领巾学院”“青苗团学院”“思政研究院”三院一体培养体系，建立中小学思政课教师轮训制度，开发建设有“红迹”系列微课等资源的开放式思政教育资源库，开辟全域性、全学段思政教育教学新格局；持续开展“思维课堂”教学研究，打造了 33 所全国新样态学校和 136 个学习中心。作为浙江省小学生学业综合评价改革试点区，上城区创新全要素全过程的成长质量调查，建立“一单·一袋·多维述评”式评价机制。学生在全市体质健康、艺术素养监测中名列前茅，在省市各级各类体艺比赛中夺冠，各类高中特长生招生人数、特色班招生人数双双位居全市第一。在全省中小学教育质量综合监测中，区域高层次能力、学校教学管理等指数显著高于全省平均水平，学业达标、教学方式、满意度等指标连续多年处于全省各县（区）前列，呈现出理想的区域教育生态。

2. 聚焦改革创新，推动社会改革重大突破

上城教育全面推进教育领域的研究，多点突破，纵深研究，在改革方面取得了重大突破。上城教育通过实施名校集团化战略，创新打造教育“名校

集群”治理模式，统筹盘活师资、课程、管理等可再生资源，实现校长教师动态交流，促进弱校蝶变和新校发展。借成为“基础教育国家级优秀教学成果推广应用示范区”这一契机，上城教育积极推广运用一批国家级优秀成果，提升学校在铸魂育人、因材施教、减负增效、改进评价等方面的能力。上城教育创新智库体制机制，结合区域教学改革重大项目，对接华东师范大学等知名高校，成立全国思维课堂联盟，扩大上城教育学术的知名度和影响力，不断推动区域教育改革和学校发展。以“1 + X”活动模式组织开展上城教育学术研究，采取区教育学院独立操作与研究基地学校协同组办相结合的方式，充分发挥省市专家、基层学校、骨干教师的作用，助推上城教育高质量、均衡发展。积极建设智慧校园，将“云计算、物联网、大数据、人工智能”等新兴技术运用到日常的教育教学活动当中，使技术赋能教育的发展，逐步形成具有上城特色的教与学模式，入选国家级信息化教学实验区。在教育部组织的基础教育教学成果奖评审中，上城区学校获得了很多荣誉，其中杭州市天长小学以《一个模子不适合所有学生：小学差异教学的实践研究》荣获全国一等奖，系全省中小学中唯一获得一等奖的学校。杭州新世纪外国语学校的《小外交官课程：外国语学校英语学科综合改革的实践研究》、杭州市时代小学的《大数据时代小学数学精准学教评的整体优化方案》获全国二等奖。

3. 聚焦“关键小事”，回应民生发展根本需要

上城区积极回应群众关心、社会关切，从“关键小事”入手，切实提升教育服务水平；完善“管办助评”教育治理新模式，集校长任期制、学校发展规划和发展性督导评估于一体，强化对学校自主发展的引领。作为浙江省中小学教师“县管校聘”管理改革试点区，上城区全面开展学校职称自主评聘工作试点，建立区域统筹和学校自主管理相结合的教师管理机制，进一步将办学自主权还给学校。上城教育全面落实“双减”政策，出台全市首个区级“1 + 4”“双减”文件。校内，推行小学“1 + X + Y”课后服务模式、初中“X + 1”晚自习模式，启用“学后乐园”课后服务管理系统，推广“淘

活动”2.0 版本，升级“星级家长执照”，数智赋能各校课后服务管理和综合治理。校外，全面治理校外培训市场，启用全市首个校外培训集成化数治监管平台“上安培”，以跨层级贯通、跨部门协同、跨体制联动、跨系统共享的多跨协同，实现资金、风险、调处全流程管理，学科类校外培训机构 100% 纳入资金监管。上城教育深化“最多跑一次”改革，创新推行“入学跑零次”“长幼随学”“一链式”学区调整流程，优化招生“一图一码一服务”，调整“入学早知道”共享信息，极大提升了群众满意度。

三、新时代上城教育面临新形势

随着上城区不断蝶变发展，上城教育面临新环境，教育改革发展、名校集群化推进面临新机遇和新挑战。

1. 改革增效，在优化体制机制上取得新突破

世界正在以极快的速度向前发展，日新月异，唯改革者进，唯创新者强，唯改革创新者胜。党的十八大以来，党中央提出全面深化教育领域综合改革的要求，坚持促进教育公平和提升教育质量，强调改革的系统性、整体性、协同性，明确改革方向和具体举措。全国教育大会召开后，党中央先后出台教育新政数十项，包括加强和改进新时代劳动教育以及体育美育、落实“双减”政策、修订《中华人民共和国教育法》等，搭建了国家教育的“四梁八柱”，为上城教育发展明确了方向。上城教育将全面贯彻落实党的教育方针，勇抓变革浪潮机遇，将立德树人视为教育发展的根本任务，以更高的历史站位布局教育事业，加快现代化教育体系建设，补齐短板、做强优势，在综合评价、数字化改革、协同治理等领域不断完善体制机制，扎实推进重点项目改革，形成德智体美劳“五育融合”育人体系，全域推进名校集群化，争当教育共富典范。

2. 区域融合，在放大聚变效应上开创新局面

上城作为浙江省省会城市的中心，教育资源优质且丰富，更是率先建成了全国义务教育发展基本均衡区、浙江省基本实现教育现代化区，连续多年取得区域教育现代化发展水平指数全省第一的好成绩，基础教育教学成果多次获得国家级奖项，特级教师、名优教师数量在全省范围内名列前茅。行政区划调整后，上城区面积扩大，人口数量增加，教育体量扩充，然而却面临着教师编制缩减的矛盾，学校班额扩大，教育发展不均衡的现象突出，教育理念亟待更新，资源配置亟待优化，名校集群化推广的速度亟待加快，力度亟待加大。上城教育必须以昂扬的姿态，主动开创新的发展格局，通过原上城与原江干优质教育资源的重新组合，优质教育品牌的输出融合，开拓打造新品牌等途径，不断优化教育资源配置，提升整体区域教育水平。上城教育将投入更多的资源，培养一批在浙江省乃至在全国具有较大影响力的名师、名班主任和教育专家，充分发挥新上城教育资源辐射引领作用和各个辖区的能动优势，形成区域教育融合“1＋1＞2”的双强联合优势，推动区内优质基础教育资源共建共融共享。

3. 民生普惠，在提升教育获得感上做出新业绩

党的二十大报告提出，“要坚持教育优先发展”。加快教育现代化，办好每一所学校，努力让每一个孩子享有更加公平、更高质量的教育，是教育事业优先发展的着力点，也是实现“幼有所育、学有所教”的必然要求。进入经济、技术高速发展的新时代，人民群众期盼着美好的生活，更期盼着高质量的教育资源和教育服务。实现人民的期待，是上城教育人的使命和责任，而实施名校集群化战略，则是积极回应老百姓期盼“美好教育”的主动作为，也是推进优质均衡、人民满意的美好教育引领区的重要举措。一方面，上城教育要发挥各个辖区的资源优势，缩短新建学校和相对薄弱学校的成长期，打造覆盖全区的名校集群十大模式，力争名校集群化覆盖率达到 100%；另一

方面，上城教育也将出台一系列教育普惠政策，增强托幼教育服务供给，做精做优课后托管，提升公共教育服务水平，为全体人民公平接受优质的教育服务创造条件，更要努力让每一个孩子享受“上城美好教育”，切实提升人民群众的教育获得感和满意度。

第二节
回溯：上城教育名校集群化的历程

⊙

一直以来，上城教育始终坚持改革创新，名校集团化战略从起步发展至今取得了显著成绩，上城教育以实际行动回应了名校集团化会造成“牛奶稀释”“同质化”等质疑。在深入探索名校集团化发展的创新路径中，上城区涌现了“名校+新校”“联盟”“集团”“共同体”等各具特色的办学模式，其经验为名校集团化的发展提供了有益借鉴。在新的历史阶段，上城教育将通过构建一种新的名校集群化发展格局，从外延扩张走向内涵发展，实现区域内优质教育资源的共建与共享，让教育事业绚丽绽放。

一、上城教育名校集团化的缘起

上城区作为杭州市中心城区，环湖沿山，依山傍水，“拥江、揽湖、走运”的独特地理优势令其拥有城市发展红利。悠久的历史和深厚的底蕴塑造了上城区快速发展的根基，1599 年创始的崇文书院、1703 年建立的紫阳书院、有

200 多年历史的杭州第十中学……杭州极具历史特色的学校，多数植根在上城这片沃土上。随着国家城市化战略的推进，杭州城市升级改造，人口流入急剧增长，学校数量随之不断增加，但百姓对优质的教育资源的需求也越发迫切，上城教育面临着前所未有的机遇和挑战。

1. 集团化办学初步萌芽

20 世纪 90 年代末城市发展提速，教育资源配置不均衡的问题导致杭州城区出现“择校热”，家长普遍存在“非重点小学不上，非重点中学不读”的心理。据相关调查统计，杭州市区部分公办学校择校生超过招生总数的 20%，个别民办热门初中录取比甚至高达 5.5∶1，全省义务教育阶段学生择校比例也达到了 11%。“择校热”的根源在于区域基础教育发展不均衡，但择校又加剧了这种不均衡，不仅家长需要花费高昂代价送儿女上学，还进一步导致了区域内学校发展的两极分化，使得教育公平受到严重阻碍。

随着杭州不断探索名校集团办学模式，这种饱受诟病的“择校”现象迎来了全新的破题之法。2002 年 10 月，杭州市成立了首个公办基础教育集团——杭州市求是教育集团，开创“名校＋新校”办学模式之先例。2003 年 7 月，杭州天成教育集团成立，在全国率先尝试创办民工子弟学校集团；2004 年底，杭州采荷第二小学教育集团成立，创造性地集名校、民校于一体。同年，杭州市天长小学正式挂牌成立“杭州天长教育集团”，由杭州市天长小学、杭州市时代小学和新开办的杭州市金都天长小学组成，这成为了杭州第 19 个教育集团。上城区依靠名校教育资源补短板的集团化办学模式使得优质教育资源迅速扩张和辐射，不仅解决了新校、弱校、农校各自发展的瓶颈问题，还实现了优秀师资的流通，让先进教育理念有了更广阔的施展平台。

这场席卷而来的“名校集团化”改革浪潮，推动上城教育进入了一条低成本、低风险、高成效的发展快车道。区域内涌现出许多教育集团，进一步带动上城名校占比和优质资源覆盖率快速提高。

2. 名校集团化走向战略扩张

为进一步加快基础教育均衡化、优质化进程，2006 年 9 月和 2007 年 9 月，杭州市先后正式出台《关于实施中小学名校集团化战略的若干意见》和《关于进一步推进名校集团化战略的意见》（见链接 1-2-1），名校集团化战略开始在杭州市全面推行，在政策推动下各个城区的集团化办学迅速发展并取得了明显的成效。

链接 1-2-1
《关于进一步推进名校集团化战略的意见》

从 2006 年开始，上城区通过“东南战略”——品牌东迁、弱校振兴、全区的支教结对活动，让越来越多的学校（幼儿园）组建集团，名校集团化办学从散点扩张走向全区覆盖。上城区在望江东路、甬江路一带建立了一所杭州市胜利小学的分校，杭州市复兴第一小学迁至新校址，更名为杭州市教育科学研究所附属小学，杭州市复兴第二小学更名为杭州市上城区教师进修学校附属小学，杭州市望江门小学和杭州现代小学数学教育研究中心合作办学。2008 年 10 月，上城区成立杭州师范大学第一附属小学教育集团，自此与杭州天长教育集团、杭州市胜利实验学校教育集团在区域内形成了三强鼎立的格局。区内的杭州市夏衍中学、杭州市景华中学和杭州市夏衍小学三校联合成立教育集团，校名集团共享，文化一脉相承。杭州采荷第一小学教育集团、杭州采荷第二小学教育集团、杭州濮家小学教育集团、杭州采荷第二幼儿园教育集团、杭州濮家幼儿园教育集团等多个教育集团迅速扩张，依托母体平稳对接，多所分校（园）已成功发展为区域内新的优质教育资源，教育集团发展态势良好。

这一时期的名校集团化风起云涌，以政府主导的“名校＋”模式为主要特征，以名校承办、投资、入股等形式，辐射辖区内的弱势资源地区和学校，涌现出一批“名校＋新校”“名校＋民校”“名校＋名企”“名校＋弱校”“名校＋农校”等合作办学的学校。上城区借助名校的辐射和带动，在教师培训、教育科研、学校建设等方面快速改变弱势学校的现状并予以优化，推动了优质教育的普及，使教育均衡程度有了新进步。截至 2017 年底，杭州市成立的名校教育集团发展到 356 个，其中主城区中小学名校集团化覆盖率达到 82.3%，学前教育覆盖率达到 74.3%。

二、上城教育名校集团化的审视

名校集团化战略在教育发展兼顾公平与效率的问题上探索出了一条新路径，一定程度上缓解了“择校难”的问题，促进了区域教育的优质均衡发展。然而，名校集团化办学在取得重大突破的同时也引发了新的矛盾，社会大众担忧优质资源学校频繁向外输出会造成“牛奶稀释”，即丧失自身优势，还担心大范围集团化办学会导致学校发展同质化，以及教育集团之间、教育集团内部发展不均衡。从管理学的角度来看，名校集团化办学从起步到壮大，其办学模式存在一些不足。

1. 行政主导，学校自主性缺乏

名校集团化作为推进基础教育优质均衡发展的重要举措，其发展过程离不开行政权力的介入和支持。近年来，各级政府出台了一系列文件推动名校集团化走向实践，期间也投入了大量人力、物力支持弱势资源校借力发展，可以说政府对名校集团化的运行和效果评估拥有主要权力。在政府主导之下，办学权力是否能够恰如其分地让渡，直接关系名校集团化发展的整体生态环境。如杭州市《关于实施中小学名校集团化战略的若干意见》规定，“今后由政府投资的新建学校，原则上只建新学校，不取新校名，不挂新校牌，由名校来管理”，这在一定程度上限制了学校办学的自主权。而政府主导下的“拉郎配”容易导致名校集团化发展丧失活力。随着发展的深入，单一主体参与集团化办学推动教育优质均衡发展的局限性也愈加明显。如何平衡政府统筹管理和学校自主选择发展之间的关系，是名校集团化办学发展接下来必须重视的问题。

2. 依赖名校，资源多元性不足

在较长一段时间里名校都是集团化办学的核心力量，由名校输出优势资源补足弱校、新校短板，能够快速改善资源不均衡的现状。但这种单向的资源输出并非简单的 1 ＋ 1，老校、弱校是否做好了自我革新的准备，是否能真正吸收名校文化为己所用，这些问题不解决，植入名校资源就有可能会出现“排斥”或“变异”。频繁借名校之名称、师资、课程等资源，植入新校也可能会走向“同形同质”的路途。同时，资源配置的方式单一，过度依赖名校进行规模扩张，导致名校挂牌遍地开花，这一做法是否存在“削峰填谷”的弊端，以及名校资源输出的含金量也存有质疑。随着城市化进程快速推进，教育资源总量大幅增加，基础教育优质均衡发展的问题也变得更加复杂，仅仅依靠名校领办的模式显然不能满足现实发展的需求，名校集团化在战略、制度、技术层面必须做出自我革新。

3. 凸显权威，校际合作性欠佳

上城的名校集团化战略是杭州市实施集团化办学的大势所趋，也是区域谋求教育发展的主动作为，一定程度上缓解了教育资源的供求矛盾。名校集团化的基本策略即“做加法”。在名校规模扩张的过程中主要依靠名校管理其他学校，本身就是带有援助、帮扶性质的合作办学，这种不对等的地位会不可避免地导致名校和其他学校之间形成从属关系。学校双方之间的文化差异、共同愿景的不一致则会使得集团化办学的鸿沟进一步加深，这种表面化、形式化的合作，往往会提高名校的“霸主”地位，导致一方独大的现象，其他具有百年历史的老校、农校在一夜之间被“吞并”，被名校统一“收编”，不少新建学校也会由于没有自己的校名，被动地接受入驻名校。名校集团化扩张到一定程度后，学校在人际互通、文化共存、理念认同等方面的合作都会存在很大问题。

三、上城教育名校集群的提出

杭州的集团化办学起步较早，走过了最初的名校联盟、名校集团化阶段。名校集团化办学步入关键阶段，行政层面的集团化发展并不能真正激发学校办学的积极性和主动性，在集团化办学中会存在“行政需要”和“学校需要”不协调的矛盾。这些矛盾促使教育行政部门思考如何进一步打开思路，放宽视野，创新模式，由区域内的整合向学校间的合作转变。2018 年，杭州在《关于推进新名校集团化办学共建共享市域优质基础教育资源的实施意见》中，进一步提出要创新集团化办学的体制机制，推动市域范围内优质基础教育资源共建共享。上城区积极响应上级要求，建立以共同愿景为灵魂、以制度体系为框架、以规则程序为纽带的集团运行机制，赋予学校更多的自主发展空间，形成新型名校发展集群，名校集群应运而生。

1. 组成方式：由输出为主走向共建共享

名校集群的建设思路是在名校集团化办学的基础上提出的，它打破了传统集团的组成方式，改变了以名校输出为主的办学格局。名校集群强调尊重每一个片区、每一所学校的价值诉求和利益获得，以各学校自身特点和需求为前提来制定适宜的合作办学模式，而非简单复制名校资源。通过整合优化校际教育资源，发挥各学校的积极性和主动性，形成“共建共享”的协作平台，以此实现共同发展。例如，北京师范大学附属杭州中学和杭州市开元中学强强联合打造名校集群，杭州惠兴中学、杭州市建兰中学成立集群发展联盟，在短时间内大幅提升办学品质，杭州濮家小学教育集团联合杭州市丁兰第二小学、杭州市丁兰第三小学、杭州市澎汇小学成立集群，开展多样态的教育合作交流，实现强强联合或优势互补。

2. 资源利用：由教育内部走向教育外部

不同于名校集团在教育内部挖掘，名校集群具有更加多元化的合作伙伴，不仅是在教育内部借力，还集聚了区域内的社会力量，借用优秀企业、高校、科研院所的支持，推动上城教育优质均衡发展。这种模式最大限度地发挥了地域的资源优势，增强了办学活力，实现了办学模式的深度创新。例如，校企合作模式——杭州市建设职业学校最大限度地发挥企业资源优势，实现产教融合，通过与企业的跨界融合不断拓宽育人渠道，增强教育实力。院校合作模式——依托杭州师范大学成立的杭师大东城教育集团，依托浙江师范大学成立的浙江师范大学笕桥教育集团，在高校支持下集群化发展快速改变了片区教育资源薄弱的劣势，成为当地老百姓心目中的优质学校。杭州市娃哈哈小学挂牌成立“中国美术学院附属小学”，充分释放美育效能，形成“以美育人”的全新教育体系。

3. 发展方式：由全方位合作走向个性化集约

以名校为中心的集团化，通常表现为在园所文化、管理制度、师资培育、课程建设等方面的全方位合作，这种集团化办学模式容易导致集团学校的个性弱化。名校集群主张充分利用优势资源成就各学校的自我成长，关注的是学校之间内部要素的有序合作，从根本上改变模仿、复制名校的发展道路，各学校以保留自身特色为前提，追求个性化的共生共荣。例如，杭州天成教育集团、杭州市笕桥小学、杭州市夏衍小学和杭州市澎博小学以教师专业发展为核心而建立的城市新区教师研训联盟就是名校集群的一种发展模式，这种具有针对性的联结方式促进了集团学校的文化重塑和质量改进，为教师专业发展提供了最大助力，满足了集团学校教育教学质量提升的现实需求。在学前教育领域，娃哈哈幼儿园专业联盟同样以推动教师的专业发展为重点，从课程改革和人才培育切入，借助联盟多维度、多形式赋能片区内的教师。

名校集群的出现，给上城学校未来发展创造了更大的成长空间，为上城教育未来的高质量发展奠定了基础。上城教育人将以更加开放的理念和行动，为学生的自由成长赋能，让学生成为最好的自己。从“名校集团化”到“名校集群化”，优质教育资源不再稀缺，逐渐能满足老百姓的需要。名校集群发展将着力通过“美好教育”的实践和探索，实现“名校就在家门口，名师就在我身边”的愿景。

参考文献

[1]孟繁华，张蕾，佘勇. 试论我国基础教育集团化办学的三大模式[J]. 教育研究，2016，37(10)：40-45.

[2]周鲁耀，陈洁琼. 教育新共同体："名校集团化"办学模式的转型——以杭州市江干区为例[J]. 杭州学刊，2016(04)：83-93.

第二章
阐释：名校集群与共同富裕的意蕴互构

共同富裕的目标体现了以人民为中心的发展理念，把增进人民福祉，促进人的全面发展作为社会发展的出发点和落脚点。名校集群是区域基础教育优质均衡发展的实践探索，它通过资源重组、制度重建、技术迭代等路径，着力解决人民群众最关切的“上好学”“学生全面发展”等高质量高水平教育公平问题。本章立足新时代新发展理念的贯彻，从共同富裕的提出与解读、名校集群的科学内涵与价值取向等方面，阐述名校集群与共同富裕的意蕴互构。

第一节
共富：新时代教育发展的必然命题

⊙

《礼记》云：“使老有所终，壮有所用，幼有所长，矜、寡、孤、独、废疾者皆有所养。”这是古代先贤梦想中的大同社会，是无数人憧憬期盼的理想社会状态。随着全面建成小康社会目标的实现，我国开启了“扎实推动共同富裕”新征程。目前，我国基础教育发展不平衡不充分的问题仍很突出，必须坚持在高质量发展中促进共同富裕，教育共同富裕与每个人息息相关，是新时代教育发展的必然命题。

一、教育共同富裕的时代背景

共同富裕是人类社会千百年来孜孜以求的美好愿景。中国共产党从诞生之日起，就把为中国人民谋幸福、为中华民族谋复兴作为自己的初心使命，把促进并实现全体人民共同富裕作为矢志不渝的努力方向。

1. 共同富裕是社会主义的本质要求

邓小平同志提出，贫穷不是社会主义，共同富裕是社会主义的本质特征，鼓励一部分地区、一部分人先富起来，先富带动、帮助后富，最终达到共同富裕。时代变迁，不忘初心。习近平总书记在党的二十大报告中提出：“中国式现代化是全体人民共同富裕的现代化。共同富裕是中国特色社会主义的本质要求，也是一个长期的历史过程。我们坚持把实现人民对美好生活的向往作为现代化建设的出发点和落脚点，着力维护和促进社会公平正义，着力促进全体人民共同富裕，坚决防止两极分化。”习近平总书记在2015年8月21日党外人士座谈会上的讲话中强调：“广大人民群众共享改革发展成果，是社会主义的本质要求，是我们党坚持全心全意为人民服务根本宗旨的重要体现。我们追求的发展是造福人民的发展，我们追求的富裕是全体人民共同富裕。”

党的二十大报告提出到2035年我国发展的总体目标：“人民生活更加幸福美好，居民人均可支配收入再上新台阶，中等收入群体比重明显提高，基本公共服务实现均等化，农村基本具备现代生活条件，社会保持长期稳定，人的全面发展、全体人民共同富裕取得更为明显的实质性进展。”到2050年的远景目标展望则是基本实现全体人民共同富裕。可见，实现共同富裕是第二个百年奋斗目标的重要任务，是全党全国人民在现阶段及未来相当长时期的努力方向和奋斗目标。

2. 共同富裕是新时代的目标定位

共同富裕是中国特色社会主义的本质要求。随着中国特色社会主义进入新时代，人民日益增长的美好生活需要和不平衡不充分的发展之间的矛盾成为社会的主要矛盾，必然对党的治国理政方针提出新的要求，需要针对社会主要矛盾制定新方针、推行新政策，这不仅是党提升治理水平的需要，更可以防止因发展不平衡不充分带来的收入不平等两极分化问题，实现社会和谐安定，不断推动中国特色社会主义健康持续发展。

改革开放后，中国社会的主要矛盾是人民日益增长的物质文化需要与落后的社会生产之间的矛盾，主要任务是解决温饱问题，当时国家发展以“效率优先、兼顾公平”为基本原则，鼓励打破传统体制束缚，解放并大力发展社会生产力，允许一部分人、一部分地区先富起来。进入21世纪后，国家开始重视发展的平衡性，从2006年十六届四中全会提出“建设社会主义和谐社会”，到2007年党的十七大报告指出“科学发展观，第一要义是发展，核心是以人为本，基本要求是全面协调可持续，根本方法是统筹兼顾”，再到脱贫攻坚战取得圆满胜利，都说明我国社会发展的重心发生了重大转移，不再单纯强调经济总量的扩张，而是更加注重解决当前社会发展中不平衡、不充分的问题，把逐步实现全体人民共同富裕摆在了更加重要的位置上。解决当前社会发展中不平衡、不充分的问题，不断满足人民群众美好生活的需求，领导全体人民走共同富裕的道路，是党在中国特色社会主义新时代的基本责任和目标要求。

3. 共同富裕与教育的三重逻辑关系

从逻辑上看，共同富裕与教育之间存在着三重关系。第一，推进共同富裕是教育发展的宏观政策语境。推进共同富裕是我国新发展阶段的伟大实践，是全面建设社会主义现代化国家新征程中的一项重大历史使命，也是新时代教育者必须答好的一份顺应广大人民群众期盼的历史答卷。推进共同富裕作为一项国家战略，直接影响着教育发展的宏观政策配置格局，内在规定着教育发展的战略布局和目标定位，教育领域的宏观战略、中观战术和微观实践都必须充分考虑推进共同富裕这一政策语境。

第二，教育是推进共同富裕的重要内容。教育是公共服务体系的重要组成部分，它通过推进教育公平来促进社会公平。2021年6月10日发布的《中共中央 国务院关于支持浙江高质量发展建设共同富裕示范区的意见》明确提出了“推动义务教育优质均衡发展，建成覆盖城乡的学前教育公共服务体系，探索建立覆盖全省中小学的新时代城乡教育共同体，共享‘互联网＋教育’

优质内容，探索终身学习型社会的浙江示范，提高人口平均受教育年限和综合能力素养。”2021年10月16日，习近平总书记在《求是》发表重要文章《扎实推动共同富裕》，提到了“要加大普惠性人力资本投入，有效减轻困难家庭教育负担，提高低收入群众子女受教育水平”等促进基本公共服务均等化的要求。教育是社会的重要组成部分，是推进共同富裕的重要内容。

第三，教育是促进共同富裕的重要手段。实现共同富裕关键在于发展，核心在于教育。教育天然具有促进经济社会发展的目标与功能，它通过服务对象的全民性、教育教学的实践性和能力培育的终身性，扎实提升全民综合素养，为推动社会经济持续高质量发展、建设现代化强国提供强大的基础性动力。新时代促进共同富裕的实现离不开教育，一个国家和民族只有构建高质量高水平的教育体系，才能在共同富裕的道路上越走越远，才能在文明发展的道路上美美与共。

二、读懂教育共同富裕

何谓“教育共同富裕”？“共同富裕”包含“共同”与“富裕”两个关键词。前者指全体人民共享社会改革发展红利，说的是“一个都不能少”，主要解决的是现阶段我国发展中不平衡的问题；后者指社会生产力达到一定发展水平，在生活、文化、环境等方面都达到繁荣富足，主要解决的是现阶段我国发展中不充分的问题。简言之，教育共同富裕就是坚持以人民为中心的教育发展思想，努力解决教育发展中不平衡不充分的问题，坚持教育的公益性和普惠性，办好每一所学校，教好每一位学生，形成惠及全民的公平教育，坚定不移地增进民生福祉，努力满足广大人民群众对高水平高质量教育的需求。教育共同富裕的本质要义可通过以下三个转变加以诠释。

1. 从“差距”走向“差异”

教育共同富裕从范围来看，不是小部分学校、小部分人的富裕，而是涵盖所有学校、所有学生和家长的共同富裕，是“全民富裕”。因此，教育发展要在继续做好“富裕”文章的基础上，进一步做好“共同”的文章，要以高质量发展为基石，不是“劫富济贫”“削峰填谷”，也不是整齐划一的平均主义，而是要尊重实际、整体规划、个别设计、差异发展，力求让每所学校都找到最适合的办学路径，实现“名校就在家门口，名师就在我身边”的愿景，让每一所学校走向高品质发展，让每一个孩子享受“美好教育”，让每一位师生都拥有光明的未来和出彩的人生，最终达成普遍富裕基础上的差异富裕。

2. 从“分享”走向“共享”

在传统的教育发展实践中，往往将分享优质学校的办学理念、师资、课程、管理等优质教育资源作为提升薄弱学校教育质量的有效策略，这也是各地提升薄弱学校教育质量普遍做出的制度安排，并且取得了积极的成效。但是，这种“做大蛋糕”的方式，是一种从优质学校向薄弱学校单向输出教育资源的方式，薄弱学校处于资源获得者的地位，其自身拥有的个性化资源得不到充分尊重和有效开发，以单向输出为特征的“资源分享”方式无法利用不同学校的个性化资源，限制了学校之间发挥互补增效作用。因此，要做好教育共同富裕，必须“一起做大蛋糕”，必须坚持“人人参与改革过程、人人尽力贡献改革智慧、人人享有改革成果”，在更有效的制度安排下，所有学校“在共建中共享、在共享中共建”，从而在“共建共享”发展中有更多的获得感，有更强的发展动力，朝着教育共同富裕方向稳步前进。

3. 从“先富”走向“共富”

共同富裕，不是同步富裕，而是兼顾效率与公平的共同富裕，是“允许一部分人先富起来，先富带后富、帮后富”。基础教育学校可以经由“先优带动后优”的路径实现“共同卓越”，同时优质学校以反哺的方式带动更多学校走向卓越。上城区的“名校集群”以名校带弱校、新校的举措实现基础教育的“共同优质”，体现了“先富带后富、帮后富”的逻辑正当性、合理性和有效性。由此，共同富裕不是整齐划一的同步富裕，实现“共同优质”学校的时间有先有后，程度有高有低，是一个在动态中不断向前发展的过程。

三、名校集群与共同富裕的理论互构

名校集群与共同富裕都是在马克思主义指引下对我国新时代发展所作出的科学的顶层设计，实现共同富裕必须有“人力资本”的支撑，名校集群的推进必须有丰厚的资源条件予以护航，两者具有相辅相成、同频共振、互利共生的内在关系。

1. 名校集群是教育共同富裕的重要实现形式之一

推动共同富裕和构建发展共同体都是落实共享发展理念的具体举措。名校集群，顾名思义，就是以名校的名义，将各个学校集合在一起而形成的发展共同体。发展共同体中，所有成员学校的发展愿景紧密相连、休戚相关，在发展过程中风雨同舟、荣辱与共，发展共同体努力办好每一所学校、教好每一位学生，努力把人民群众对美好教育生活的期盼与向往变成现实。

构建发展共同体体现了实现共同富裕的理想追求和认知实践的统一。上城区提出构建名校集群，就是希望各学校在追求本校利益时兼顾其他学校，做到合理关切，在谋求自己学校发展中促进集群中其他成员学校共同发展。名校集群的这一共同发展价值观包含的一层重要含义就是共同利益观和可持续发展观，上城区致力于通过名校集群建设推动并实现教育共同富裕。

2. 名校集群的共同体意识为教育共同富裕创造了良好的发展环境

名校集群是一个教育行政部门、属地政府、学校、社会组织等多元主体参与的新型教育组织。它以共治共享、共生共荣为特征，有着一致的发展愿景和价值追求，并致力于区域教育质量的提升。它强烈的共同体意识为教育共同富裕创造了良好的发展环境。

名校集群的共同体意识为实现教育共同富裕奠定了思想基础。实现教育共同富裕不光需要坚实的物质经济基础，更需要强大的精神力量支撑。名校集群的共同体意识，能激发学校及其教师对区域教育的认同感、归属感，树立“一荣俱荣、一损俱损”的共同体意识，自觉将自身发展、学校发展与区域教育发展联系起来，每位教师、每所学校都是区域教育发展过程中的主体力量，实现区域教育优质均衡发展，满足人民群众对美好教育生活的需求，需要广大学校和教师凝聚共同奋斗的精神共识和调动内生动力，需要“手挽着手”“肩并着肩”。

名校集群的共同体意识为实现教育共同富裕提供了有力保障。上城教育尊重不同片区、不同类型学校的特点，强调多元化、差异化，充分保留和培育各个学校的特色优势，秉持积极差异策略下的差异化平等，化差距为动力，化差异为资源，引导各办学主体实现错位发展、共同成长。在保障方面，优先考虑弱校和新校，通过多种途径的扶持或帮助，创造条件，使它们逐步激发发展动力和办学活力，拥有参与平等竞争的机会和能力，实现新建学校的高起点办学和薄弱学校的高层次提升，从而让区域整体教育能实现共同富裕。

名校集群的共同体意识为实现教育共同富裕提供了实践支撑。教育共同富裕是共产主义终极理想在教育领域的具体体现，它不是一时一刻的优质均衡，而是坚实持续地实现优质教育。教育共同富裕也不是一日之功，不可一蹴而就，尤其在现阶段教育发展不平衡不充分的现实挑战面前，更需要思想统一、步调一致。因此，名校集群的共同体意识是促进教育共同富裕的自信心、团结力和行动力，为教育者前行于教育共同富裕之路明确了方向。

3. 名校集群的共同体模式为教育共同富裕提供了可行的实现路径

从关系构建维度看，名校集群意味着共荣共兴伙伴关系的新发展，集群内各成员学校尊重彼此核心利益，管控矛盾分歧，扩大各方共同利益的汇合点，推动建设相互尊重、公平正义、合作共赢的新型伙伴关系，与不同地理位置、不同性质类型、不同文化积淀、不同发展水平的学校结合在一起，利益共生、权利共享、责任共担，缔结平等互利、互商互促的伙伴关系，尊重学校文化多样性、发展道路多样化，积极促进学校差异化、特色化发展，实现共同富裕。

从地理维度看，名校集群意味着形成多层次、全方位、互利共赢的新样态。名校集群是在区域及周边合作发展中形成的具有鲜明特色的命运共同体。根据区域、学校发展实际，进行合理规划，通过共享理念、资源、管理、成果，促进每一所学校发展，提高每一个集群所在片区的教育水平，进而实现全域教育整体优质均衡。

从区域治理维度看，名校集群意味着区域形成开放包容、普惠共赢、和谐善治的教育新格局。政府角色逐步从教育行政管理者向教育治理引导者转变；职能逐步从直接安排、控制教育资源向促进优质教育资源的引进和生成转变。“跳出教育办教育”，充分体现教育公共产品属性，强调教育社会化和其外延丰富性的特点，既有高校、科研院所等区外力量加入，又有属地政府、社会组织的加盟，还引导学校打破壁垒，抱团发展，促进社会公共事务的多方合作和开放性治理。

第二节
定位：基于共同富裕的名校集群

⊙

教育共同富裕是新时代的命题，在教育共富的理念背景下，对名校集团化的理性思考与客观分析，使教育者面临着新的抉择，如何实现教育的共生、共建、共享，走出一条高质量发展的新道路，是当今面临的新挑战。“名校集群”作为一种新型的组织，带有名校集团化的基因，整合校际优质教育资源，集聚区域内社会力量，借助高校、科研院所的支持，形成一个“合作、共建、共享、共富”的教育协作组织、教育互助组织和教育发展组织。其建设与发展紧紧围绕浙江省推进共同富裕示范区的大背景，以实现教育共同富裕为宗旨，遵循教育教学特点和认知发展规律，遵循教育基本原理进行教育教学理论探讨和实践活动。本节主要从名校集群的战略制定、科学内涵和价值取向等方面进行阐述。

一、名校集群的战略制定

2022 年 1 月 16—17 日，在北京举行的全国教育工作会议上指出："2022 年是新时代新征程中具有特殊重要意义的一年，教育工作要围绕中心、服务大局，作出实质性贡献。一是坚定不移用习近平新时代中国特色社会主义思想铸魂育人。把学习贯彻习近平新时代中国特色社会主义思想作为首要政治任务，坚持以高质量党建引领育人，着力以风清气正的环境育人，加快完善德智体美劳全面培养的教育体系。二是巩固发展更加公平而有质量的基础教育。持续打好'双减'攻坚落实战，深入推进学前教育普及普惠发展，大力推进义务教育优质均衡发展。"当前教育已经从"有学上"转向"上好学"。随着时代的发展，浙江作为共同富裕的示范区，促进并实现教育共同富裕是教育事业改革与发展的最终走向。

1. 落实国家战略发展的要求

在"两个一百年"奋斗目标交汇之际启动共同富裕行动纲领是新时代中国特色社会主义事业发展的必然之举。2021 年 11 月 24 日，《人民日报》刊发时任中共中央政治局委员、国务院副总理刘鹤的署名文章《必须实现高质量发展》。文章指出："进入新发展阶段，以习近平同志为核心的党中央把实现全体人民共同富裕摆在更加重要位置上，我们必须坚持通过推动高质量发展、通过共同艰苦奋斗促进共同富裕……"在教育领域，我国教育形势也正发生着深刻的变化，社会各界对教育质量和教育公平的呼声与日俱增。教育集团化在发展方式上要适应国家和教育形势的变化，破解当前教育改革中出现的热点和难点问题。上城教育要实现现代化，就必然面临教育集团化的升级迭代，名校集群应运而生。

2. 顺应社会民生发展的需要

区域教育发展受区域经济社会发展的影响和制约。2021 年，杭州市进行行政区划调整，原江干区与原上城区两区合并，成为“新上城”。上城教育为实现高位推动，提高区域教育决策水平，加快向教育现代化、国际化推进。为此，上城区科学编制并启动“名校集群”教育布局调整行动计划，协调解决“新上城”区域内教育优质资源的合理配置，架构与新行政区划空间格局相适应的教育新格局，实现教育与城市发展的良性互动，使教育更好地服务社会、服务民生成为上城教育在新时代面临的重要任务，也是上城教育事业发展的新命题。

3. 满足不同利益主体的诉求

随着社会经济的发展，不同利益主体参与区域教育改革的热情与意识日益加强。上城区是杭州最古老的城区，也是城镇化速度最快的城区之一。当前，上城教育发展取得了不错的成绩，但教育发展不均衡不充分的问题仍然存在，比如：人口大量流入以致教育资源不足；随迁子女融入学校出现的文化碰撞问题；新校迅速交付导致的管理粗放；薄弱区块教育积淀少，内涵发展动力不足；年轻教师多，梯队结构不良；等等。区域教育资源总量的快速扩张和优质教育资源不足之间的矛盾尤为突出，直接影响到不同利益主体对区域教育改革的满意度，因而改革原有的区域教育发展模式势在必行。

教育改革必须对公共需求引发的变化作出回应。名校集群是一种主动顺应我国经济社会发展需要的自觉行动，其本质是在某个特定区域内通过统筹协调、提优助弱，达到一种更高水平的教育均衡。

二、名校集群的内涵

“名校集群”是对名校集团化办学模式的发展和超越，是顺应时代发展的上城智慧的产物，是一种以区域内优质资源共享平台为载体，以主体间新型伙伴关系为纽带，以开放型办学资源为保障，以多元参与共治共享共富为特色的新型教育组织。其内涵可以从以下四个方面来阐释。

1. 价值共享：从名校输出到共享共赢

名校集群化发展依托名校，但并不只有名校对弱校付出，集群内不分主次。文化、管理、制度的输出过程，对名校来说是一次实践、演练，是经验的积累过程。正因为集群联盟有多种形式，对于集群内的学校，要进行分类引导，分类评价，精准支撑，这样才能构建新型共生体。

2. 主体协同：变以强带弱为校际共生

集团化办学往往是将名校资源强势注入弱校，具有“以强带弱”，有选择性、被动输入的特性，而名校集群则强调和尊重各成员学校之间的平等性。文化、管理、制度、课程、项目输出的最终目的是催生联盟成员的内在生长力。学校管理就如一个操作系统，操作系统版本提高了，各种软件才能运行良好。因此在集群发展中，要减少直接的工作安排，加强间接指导，以保证各类“软件”能正常升级，良好运行，具有可持续性。

3. 效能优化：从指令型捆绑到指导型建构

一体化办学模式，力求在最短时间内，让更多的优质教育资源惠及更多的普通百姓。名校集群化不是简单的学校整合，而是在尊重各校办学特色和发展实际的基础上，充分发挥自身的积极性和创造性，共同体内各校形成平等、合作、互动的格局，促进优势互补。文化认同是基础，现代学校制度建立是保障，教师专业发展是关键，探索学校再生机制是根本任务。上城的名校集群由行政层面的单向输出转变为与学校的双向交互，这正体现了集群发展的新内涵。

4. 动能内生：从外力输血到内力再生

建设一所传统型学校需要师资、制度、政策、经费、物资的投入，而在集群化的发展模式下，学校能自发地从文化认同、学校制度、教师发展中内生出驱动力，就像集团校帮助成员校“自我造血”，能化解成员校对集团校的教育依赖。如果把依托名校的集团化办学比喻成“输血”，那么“输血”成功的标志就是血细胞能够再生。“造血”比“输血”更重要。集群发展是再生式发展。

作为在当前教育共富背景下形成的一种教育共同体创新形式，名校集群充分体现了教育共享共富发展的路径和方向。

三、名校集群的价值取向

当名校集群成为进一步推动上城教育优质均衡、教育共富的抓手时，这一组织便产生了新的内涵和价值诉求。

1. 追求教育公平

名校集群要从形式公平走向机会公平、过程公平、结果公平，要为学生提供优质、多元教育，关注学生的个性化、差异化发展，提供更加公平优质的教育。

名校集群体现了区域经济发展催化教育事业发展的结果。《杭州市上城区人民政府关于印发〈杭州市上城区国民经济和社会发展第十四个五年规划和二〇三五年远景目标纲要〉的通知》指出，要深入推进始版桥、荷花塘、杨柳郡、景芳等未来社区试点建设，加快形成可持续、可复制、可推广的样板。重点围绕“三化九场景”的总框架，构建绿色低碳智慧的“有机生命体”、宜居宜业宜游的“生活共同体”、资源高效配置的“社会综合体”。围绕“幼有所育、学有所教、劳有所得、病有所医、老有所养、住有所居、弱有所扶”等方面，推进数字社会系统落地未来社区。社区是共同富裕的基本单元，教育无疑是其中的重要组成部分，深化名校集群战略、打造高质量的教育体系是推进城区更新与社会发展的必然要求。

2. 促进优质均衡

名校集群是上城基础教育优质均衡发展的选择。党的二十大报告指出：“坚持以人民为中心发展教育，加快建设高质量教育体系，发展素质教育，促进教育公平。加快义务教育优质均衡发展和城乡一体化，优化区域教育资源配置，强化学前教育、特殊教育普惠发展，坚持高中阶段学校多样化发展，完善覆盖全学段学生资助体系。”区域教育优质均衡是当前教育改革与发展的基本要求，也是实现教育方针与使命的保证。围绕“优质均衡发展”主题，坚持改革创新，深化教育领域综合改革，推进教育公平，提升教育质量，努力满足人民群众日益增长的对优质教育资源的需求，“让更多的人接受更好的教育”，这不仅是杭州教育发展的目标，更是上城教育发展的战略。在城市化快速推进的形势下，如何使教育与当地经济发展相适应？与教育现代化要求相吻合？如何在追求基础教育优质均衡发展的道路上寻求突破？如何让更多的老百姓享受优质教育？名校集群的实施与推进，试图破解这些难题，以期整体提升区块教育水平，从而推动全域教育优质均衡发展。名校集群的核心价值与创新意义在于以“名校集群”为抓手，通过“分解”（以区块为单位）与“聚合”（推进至全域），协调学校、教师、专家、政府、社会力量等多元利益主体的不同需求，兼顾国家以及不同社会团体（或组织）的办学目标和改革思路，利用各方资源和优势，促进区域内教育资源的均衡配置，以区块的局部优质均衡发展促进全区教育的整体优质均衡发展。这是上城区立足于上城教育创新与实践，围绕基础教育优质均衡发展所做的一次有益的自觉选择与探索。

3. 推进教育共富

2022 年度浙江省教育系统工作会议提出，高质量发展建设共同富裕示范区，浙江着力打造“浙里优学”金名片，建成人人皆学、处处能学、时时可学的高质量教育体系。

名校集群是上城基础教育对共富要求的积极响应。推进教育名校集群，其价值不在于追寻特定背景下区域内教育发展的特殊规律，而在于探索常态情境下，通过对区域内教育共同体创新模式的实践研究，构建和形成全域教育优质均衡发展的基本范式，推动学校改进与发展，从而提升全域基础教育的整体品质，实现教育共富。长期以来，名校集群模式一直都是上城教育发展战略的重要组成部分，区块推进教育名校集群是对上城教育共同体模式创新发展战略的深入思考和进一步实施，是对上城基础教育品质要求的积极响应。名校集群根据区块经济建设与教育发展实际，将相同或不同特征的学校组成发展联盟，重点打造“名校新区”“区域联盟”“教师研训”“院校合作”“跨体制校”等多个集群模式，促进资源共享、连片推进，使整个上城教育品质得到整体提升，真正实现从“盆景”到“风景”、从“风景”到“美景”的蜕变，提供更加公平更高质量的教育，推进教育共富。

4. 促进教育共享

名校集群体现了上城基础教育发展机制的创新和突破。区块推进教育名校集群在本质上打破了学校各自为政、自成一统的办学格局，整合校际优质教育资源，集聚区块内社会力量，争取高校、科研院所的支持，形成一个合作、互动、共享的教育协作组织、教育互助组织和教育发展组织，是一个全新的、有别于以往由单一学校或几所学校简单累加而形成的新型共同体。作为一个新生事物，名校集群通过聚焦区块教育，为整个区域教育的发展提供了支持，因没有可以借鉴的管理模式和运行机制，名校集群无疑会引起教育管理模式及其运行机制的一场深刻变革。可以说，名校集群建设与发展研究为创新区域基础教育发展机制提供了新的思路和方向，为教育共建共享、共荣共兴树立了典范。

参考文献

［1］刘元春，宋扬，王非，等．读懂共同富裕［M］．北京：中信出版集团股份有限公司，2022.

［2］厉以宁，黄奇帆，刘世锦，等．共同富裕：科学内涵与实现路径［M］．北京：中信出版集团股份有限公司，2022.

［3］习近平．扎实推动共同富裕［J］．求是，2021（20）：4-8.

［4］杨小微．基础教育推进共同富裕的应为与可为［J］．人民教育，2021（21）：1.

［5］王凯．名校集团化：区域义务教育均衡发展策略［J］．基础教育，2013，10（02）：17-21，28.

［6］徐一超，施光明．名校集团化：教育均衡发展的实践演绎［M］．杭州：浙江大学出版社，2012.

［7］刘新成，王海燕，等．首都区域教育均衡发展的理论与实践［M］．北京：首都师范大学出版社，2012.

［8］顾明远，石中英．国家中长期教育改革和发展规划纲要（2010—2020）解读［M］．北京：北京师范大学出版社，2011.

第三章

架构：名校集群的顶层设计

名校集群是区域教育发展的战略性规划，是顺应人民对美好教育追求的教育变革的产物。推进名校集群组建是战略，也是手段，目的是让每一个适龄儿童享受优质的教育。对这一新型模式的出现，区域应该做系统的、科学的思考，做好名校集群的顶层设计，才能更好地促进教育健康可持续发展。本章立足于价值定位，以系统的思维，从名校集群组建的总体布局和实践模式两个层面展开具体论述。

第一节
组建：名校集群的总体布局

⦿

名校集群建设作为一项发展战略，指向区域教育的总体规划和整体设计，为此，对名校集群建设需有一个具体化的考量。本节立足理论探究，以宏观的视野，探究名校集群组建依据、原则和行动路径。

一、组建依据

名校集群是对区域教育发展进行总体布局，充分挖掘区域教育资源，合理调配，助推教育良性发展。名校集群基于品牌共享、资源共用、发展共进的原则，最大限度发挥区域名校引领能力，以区域名人精神为集群内学校文化品牌建设的生长点，以区外教育机构优质资源的协同运用为集群学校的合作点，以包含名校品牌建设的学校治理方案为集群学校发展的突破点，对区内所有学校进行通盘规划。名校集群组建主要考虑以下几个方面。

1. 始于共富发展目标

名校集群组建的初始目标是教育共富，满足人民群众对美好教育的需求。进入新时代，人民群众对教育的需求从“上学难”向“上好学难”转变，为了回应广大老百姓的诉求，教育部门从整体布局着手主动变革，基于整体教育优质均衡发展，教育规划布局不再是“拆东墙补西墙”的短视行为，而是在对区内外教育的系统性分析的基础上，既盘活区内名校、名人资源，带领新校、弱校走共同发展道路，又引入区外高校教育优势资源，引领区域学校走内核发展道路。名校集群始终瞄准教育共富这个最高目标。

2. 源于共享资源优化

优质教育资源是名校集群建设的核心因素，为了最大限度利用优质教育资源，名校集群组建必须考虑资源效益，尽可能发挥资源的作用。名校集群组建有两条主要路径：通过挖掘区域内现有优质资源和引入区外优质资源。名校与新校集群模式，要让名校品牌辐射效应最大化，让老百姓心目中的名校品牌引领新校建设与发展，让新校越过发展摸索期，直接驶上快车道，如杭州市胜利实验学校教育集团领办新建的杭州市胜利实验笕成小学；高校引领集群模式，要发挥高等院校（研究机构）在教师培训和教育科研方面的资源优势，尽可能扩大高校联合的辐射面，加大合作深度，如浙江师范大学与笕桥区块学校的合作。总之，组建名校集群的关键在于开发与利用优质教育资源，必须把资源用得合理有效。

3. 基于共进路径科学

名校集群的组建不是一蹴而就的，而是有一个长久的、持续的过程，充满可变性，要根据教育发展情况，审时度势，不断地调整，跟上时代的发展节奏。名校集群组建过程中存在各种不可控制的环境因素，具有动态性。动态性主要体现在每一个名校集群发展规模是动态的，基于每一个名校集群发展的现状，结合区域教育发展的需求，所有集群呈现欣欣向荣的“成长”态势；同时，动态性也体现在名校集群内部，基于集群内部教育资源分配、教育发展现状和学校发展需求，集群内部对教育资源也有一个动态调配的过程，使名校集群发展形成不断优化、持续提升的趋势。要根据集群的发展态势、集群内部和外部发展需求，不断地调整集群的规模、参与学校的个数。集群内发展较好的学校，具有良好品牌辨识度时，可以脱离集群组建新的名校集群；集群也可以随时根据区域教育整体需求，吸纳新学校加入集群，所有动态调整只有一个目的——促进区域教育整体良性发展。因此，通过动态调整，使集群成为一个不断良性成长的自然体。

二、组建原则

名校集群组建与发展过程必须遵循一定的规律与原则，这是名校集群理论架构中很重要的一个指导环节，可以让教育者有章可循。名校集群组建与发展过程中应遵循的主要原则包括均衡发展原则、系统规划原则、资源优化原则、适切可行原则。

1. 均衡发展原则

教育关注人的生命，关注人的未来发展，学校教育的伦理价值取向决定了名校集群必须考虑良知与道德的维度、责任与义务的维度，必须坚持政策伦理。名校集群是坚守学校教育底层价值的必然产物，名校集群在对教育资源进行调整的过程中，要尊重多方主体的利益，按各方主体的教育利益需求进行配置与协调，通过名校集群让优质教育资源得以共享并发挥辐射作用，助推新建或薄弱学校发展。名校集群是顺应时代发展的最佳答案，办好人民满意的教育是教育行政部门和学校必须完成的答卷。因此，均衡发展是名校集群须坚持的大方向，是首要的基本原则。

2. 系统规划原则

名校集群组建与发展是一项完整的、复杂的系统工程，事关区域教育的全局性问题。为此，区域要把系统性的原则贯穿于名校集群组建与发展的全过程，进行系统思考和合理规划。一方面名校集群既要求从整体到部分的规划，更要求从部分到整体的布局。使战略选择从宏观到微观，从全程到每一个具体阶段，在总体目标下安排各个部分，在全过程中考虑每个阶段，使整体目标与各部分目标互为依据和保证，使区域内的名校集群建设形成一个有机运转的系统。另一方面，各名校集群之间要形成相互联系的系统，而不是各自为政，互相割裂、分离，使各名校集群互相促进，相得益彰。因此，名校集群组建必须遵循系统规划原则，上下一盘棋，内外一张网，有机运转，协调发展。

3. 资源优化原则

优质教育资源效益最大化是名校集群组建的主要出发点，为了让优质教育资源利用率最大化，名校集群组建过程是通过挖掘区域内现有优质资源和引入区外优质资源两条主要路径进行的。名校集群组建必须考虑成本与产出的关系，发挥优质资源的价值。名校品牌是几十年积累下来的教育财富，为了发挥名校品牌辐射效应，促成名校与新校的合作集群，应把名校资源引入新校，从而促进新校跨越式发展，直接驶上快车道；高校是教育资源宝库，高校引领集群模式，应拓宽与高校的合作面，加大合作深度，充分挖掘高校在教师研修和教育科研方面的优质资源。总之，组建名校集群的关键在于合理有效地运用优质教育资源。

4. 适切可行原则

名校集群建设追求学校之间的合作关系，集群内部和谐愉悦合作是组建的基本要求。名校集群组建与发展必须与区块、学校自身发展的实际和需求相适应，必须尊重区块的经济结构、地域政治与文化性质，必须尊重学校发展现状。名校集群组建与发展过程中必须始终贯彻“促发展”的理念，把促进教育质量的提升放在第一位。名校集群不但要助推区域内教育整体发展，而且要助推集群内所有学校发展。制定名校集群的发展目标要把握好区块和各成员学校的“度”，需要“因校制宜”，根据不同学校的情况，把名校发展经验适度改良后再应用于集群内不同学校。通过不同名校集群的实践探索，各个集群找到一些操作性很强的名校集群建设方案，经提炼形成名校集群建设模式，为区域内教育共富的教育目标找到一条最可操作的发展路径。因此，名校集群组建实践过程中，要遵循适切可行原则，使组建过程成为一个自然而然的过程。

三、行动路径

上城区名校集群的建设与发展，有赖于区域对名校集群的总体规划与顶层设计。如果区域总体规划和设计不够到位，必然影响名校集群建设的层次与发展水平，也将影响区域教育内涵的提升。为此，上城区着力于区域名校集群建设的顶层设计，从整合的视野，明确名校集群建设的路径。

1. 自上而下的行政初始推进

部分名校集群的发展路径是由起初自上而下的行政主导转向集群内部自我内生发展，上城区以教育共富为目标，立足于教育现状，依据具全局高度和长远角度的教育战略布局行动。为实现教育共富大目标，上城区教育局系统规划，通盘思考，整体推进，针对学校布局打出“组合拳”，名校集群是自上而下的具有行政特色的变革行动之一。随着名校集群的不断深入推进，区块内对应学校自主变革力量不断被激活、唤醒，学校自主改进与自我发展的能力不断增强，并从集群建设过程中逐渐切身感受到名校集群对学校发展与教育教学质量提升的意义与价值，名校集群的“行政外衣”慢慢褪去，各集群走上可持续发展之路，学校走上自我发展之路。自上而下的名校集群发展路径是行政的“初速度”与集群内部“加速度”叠加的发展道路。

2. 自下而上的校际协作联盟

部分名校集群的发展路径是自下而上的变革，先是学校主导成立校际协同发展联盟，学校在合作发展过程中形成了共同发展的“同心圆”。有些学校在成长过程中遇到发展瓶颈时，开始思考通过校际合作方式，达到抱团取暖共同发展的效果，因此自发地向外探寻协作发展伙伴，组织形成校际联盟，通过教育资源共享、师资培养同步等合作方式开展校际协作，找到共同发展“交集”。当民间校际协同联盟发展到一定阶段，需要进一步推进协作时，需要从政策上加以规范引导，从人力资源上助力，从建设资金上给予保障，再由教育行政部门适时地通过行政文件将其确认为名校集群。自下而上的名校集群发展路径是学校探索发展通道的自主行动。

3. 由内而外的学校内涵突破

学校在发展过程中，一般会经过以显性的教学成绩、教育成果来量化发展效果的阶段，这种具有功利色彩的发展是学校“打天下，立口碑”的必由之路，这一阶段学校是在挖掘内部潜力。当学校发展到一定水平，具有一定的知名度时，学校发展进入内涵发展、文化固化、品牌创立阶段，也意味着学校发展进入了“高原反应期”，学校需要由内向外探索发展驱动力，学校外部也有丰富的教育资源，特别是高校、科研机构拥有基础教育学校不具备的强大科研能力。学校在寻求内涵发展的过程中，借力科研机构、高等院校，为学校注入发展新研究的动能。例如，浙江省教育科学研究院附属学校就是学校与研究机构形成名校集群的典型。

4. 由外向内的需求响应行动

学校教育存在于一个大生态环境中，学校外部的家庭、社区、社会机构等都是影响学校发展的因素。学校教育是一个完整社区的一部分，社区与辖区内的教育有着千丝万缕的关系，每个社区都希望自己辖区的学校是优质学校，同时为学校发展提供助力；学校庞大的家长群体也是学校发展的影响因素，家长对学校的诉求是最显性、直接的；社会机构也希望参与教育，或为学校提供资源等。总之，学校外部因素对学校教育有多种多样的需求，为了响应和满足家庭、社区、社会机构的教育需求，整合外部力量形成名校集群是学校的发展路径之一。

第二节
模式：名校集群的实践类型

名校集群是一项事关区域教育事业发展的战略，在具体实践过程中，由于其所处地域的发展背景、资源配置、文化特色、师资状况等方面有差异，组合方式和运作模式也各不相同。同时，在名校集群办学过程中，因为各校自身特点、发展趋势、办学环境等的不同，办学的具体模式也会随着名校集群内涵的不断丰富而不断发展、创新。上城区根据各个片区和学校的现状与特点，因地制宜采取针对性策略，形成了“四式十型”的整体架构（见图3-2-1），即以“区域优势资源内生、外部资源注入借力、多元联动跨界和价值植入融创”为主构方式，以“名校新校、名人名校、集群联智、院校合作、普优协同、跨学段校、跨体制校、校企合作、教师联盟、区域联合”为实践类型，力求在学校、片区提质的基础上，实现全域教育优质均衡发展，扎实推进教育共同富裕。

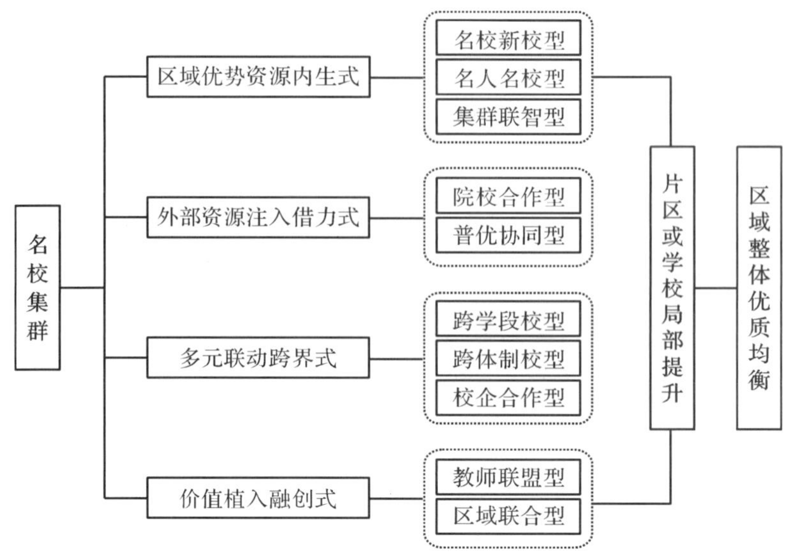

图 3-2-1 “四式十型”整体架构示意图

一、区域优势资源内生式

上城区是南宋文化、吴越文化、钱塘江文化的重要承载地，历史文化底蕴深厚，拥有丰厚的优势教育资源。上城教育综合考虑各片区地理位置、人口结构及学校的现实基础、自身定位和发展愿景，通过合理配置盘活本区域名校、名人等优质教育资源，以“开发—整合—新生—提升”的资源内生重构带动优质均衡布局，不断创新学校办学模式，在原来的“名校新校”办学模式的基础上，创造性地组建了“名人名校”和“集群联智”两类名校集群，加速区域教育高位优质均衡发展。

1. 名校新校型

随着杭州城市的不断发展，居住区域发生变化，区域人口出现大规模扩容，新建学校数量不断增加。但是，大多数名校仍是原有格局，与居住区和人口规模的变化并不同步。由此产生了一些新的问题，即区域内优质教育资源不平衡不充分的矛盾开始凸显。原先具有一定知名度的学校，由于城市布局调整和功能转变，老城区由原来的住宅区转变为商务区，生源锐减；另外，广大家长对新建学校的办学水平、师资条件给予了很高的期待，有“享受优质教育”的强烈愿望和需求。为此，上城区通过在区域内选配优质的名校资源领办新建学校，组建名校新校发展集群，集群内统一法人、统一管理、统一考核。一方面，为名校寻找新的发展空间；另一方面，为新建学校在短时间内迅速成长提供载体。比如，“采荷第一小学＋丁信小学”，杭州市胜利实验学校教育集团就是采用了“名校＋新校”的集群模式，以快速提升新建学校的办学质量。

2. 名人名校型

名人名校是指由名人名字命名的学校。加拿大著名学者斯蒂芬·利考克曾说：“对大学生真正有价值的东西，是他周围的生活环境。”利考克的话道明了校园生活环境对学生成长的重要价值与意义。学校不仅仅是学生学习知识与技能的场所，更是学生塑造人格、修身养德之地。名人名校集群，就是校名内涵与校风传承相辅相成的名校集群。挖掘、传承、创新名人精神蕴含的独特育人价值，作为学校育人文化的核心，既体现了上城教育人深厚的历史文化底蕴，更表达了继承、弘扬传统文化的深远之意。“东南形胜，三吴都会”，钱塘江岸自古名人辈出，上城区更是历史名人荟萃之地，名人文化是上城区的一张“金名片”，这些名人或与学校，或与上城区有着千丝万缕的联系，这有助于提升学生的文化自信和自豪感，也有助于学生潜移默化地传承、弘扬名人精神，让名人身上的优秀品质激励、鞭策新时代的莘莘学子不断努力奋进。例如，杭州市钱学森学校、杭州市茅以升实验学校和杭州市夏衍小学就是采用这一集群模式。

3. 集群联智型

为激发学校自主发展动力，进一步推进具有时代特征、符合治理理念的名校集群建设，上城教育积极引导学校打破校际壁垒，鼓励学校自发集结成群，集聚有限的优势力量，汇聚多方智慧，合作共享、优势互补、抱团发展，迅速获得资源并形成资源链，产生协同和聚合效应，创新务实地办好每一所学校。该类型适合学校数量适中的城中片区。学校一般规模不大，有特色，但单体力量薄弱，难以形成一定的社会影响力，通过整合学校资源，形成发展合力，有助于形成片区教育品牌。比如，杭州凯旋教育集团就是这一集群模式的典型案例。与此同时，随着“互联网＋”和信息技术手段的迅猛发展，通过数字化、智能化平台实现优质教育资源的在线流转，突破校际空间地理屏障的“信息孤岛”不再是梦想，由 6 所学校自发集结而成，跨越三个街道的杭州濮家小学教育集团，这一新型集群联智发展群应运而生。

二、外部资源注入借力式

外部资源注入借力式名校集群以优质教育资源注入为主，通过借助外部优质力量，参与某个片区或某所学校的教育活动，合作开展各类教育教学活动，带动学校办学理念转变，促进办学水平提升，打造高端新品牌，是上城教育名校集群建设的重要路径之一。从所借力的资源类型来看，可以是高等院校、科研机构等外部高端资源的引入，也可以是区域内优质品牌学校的理念、管理、课程、师资等的输出、辐射。由此，外部资源注入借力式主要有院校合作、普优协同这两种基本类型。

1. 院校合作型

利用高校资源迅速提升某个片区或某所学校的整体教育质量，促进教育公平与区域教育优质均衡发展，实现共同富裕，是组建院校合作型名校集群的初衷。这一办学模式适合城市化快速推进、资源迅速扩张、新校集中交付但整体教育水平需要快速提升的新区或需要寻找新的发展点焕发新机的城区老牌学校。它以“高校引领、政府主导、社会参与、联片发展”为基本特点，重点在于高校介入的深度、广度和力度，往往以高校附属学校的方式命名，强调与各办学主体深度捆绑，探索教育集约发展的优势和潜力，利用高校的资源迅速提升办学水平。目前，上城区与高校建立合作关系的学校有杭州师范大学东城教育集团、浙江师范大学附属杭州笕桥实验中学、中国美术学院杭州市娃哈哈小学、浙江师范大学附属丁蕙实验小学、浙江省教育科学院附属实验学校等，这种模式有力地推动了区域教育高质量发展。

2. 普优协同型

关注普通学校发展过程中的痛点、难点和堵点，让优质品牌学校领办质量普通的学校，加大名校对普通学校的整合、重组力度，促进品牌学校优质教育资源的辐射、引领，建立管理互通、师资互派、研训联动、质量同进的普优协同名校集群，推进区域教育优质均衡发展，是上城区名校集群办学模式之一。该办学模式坚持尊重、平等、互助、共赢等原则，一方面积极利用优质品牌学校的优势，发挥其强有力的带动作用，激发普通学校的发展内驱力；另一方面注重保护、传承普通学校原有的文化底蕴和办学特色，实现错位发展。需要指出的是，普优协同并非“削峰填谷”，而是携手发展，“以一带一”“以一带多”，促使优势凸显、特色鲜明。比如，杭州市建兰中学·惠兴中学集群发展联盟、杭州市夏衍幼儿园品牌园就是这一集群模式的典型案例。

三、多元联动跨界式

跨界指事物和组织跨越自身的边界、界域，是对其他事物或组织领域的一种嵌入，目的是实现不同组织、主体或内容之间的跨越与整合。教育是遵循人的身心发展规律的专业实践。一方面，要求从个人全面发展的角度进行整体规划，稳步推动学生核心素养的提升；另一方面，现代治理理念认为应该“跳出教育办教育”，将企业、社会组织等其他主体也吸纳进来，实现多元主体广泛参与。因此，解决办学模式问题，不能局限于教育系统内部的协调，应该构建跨层级、跨组织、跨部门等的合作关系。

1. 跨学段校型

一直以来，中小学衔接都是义务教育阶段的一个热点、难点话题。自2022年4月教育部颁布《义务教育课程方案和课程标准（2022年版）》以来，关于学段衔接的话题备受关注，而且学段上更是向两头分别延伸至学前、高中。上城区组建的跨学段校名校集群，是指由不同教育层次的若干所学校组成的集群，既包含小学、初中的九年一贯制学校，也包括高中、初中和小学，甚至将学前融于一体的教育联合体。相较于同学段的名校集群因不同学段之间缺乏信息沟通和互动反馈易形成“学段本位主义”，跨学段校名校集群则具有独特的办学优势，由于具有不同的学段文化及其延伸的不同实践形态，反而可以为不同学段的管理者、教师和学生的跨界学习和类比思考，提供更便捷的互动空间或教育生态，从而激发出更有创新性的教育教学实践。这种办学实践形态，非常契合学生完整发展周期的教育主张，通过不同教育层次学校的一体化办学，在教育内容和教育方式上都能实现各学段间的自然衔接、过渡，其特有的教育理念能够得到充分体现，从而形成自己独特的教育教学风格，能更好地满足老百姓对高质量教育的需求与期待。比如，杭州市钱江外国语实验学校、杭州市杨绫子学校就是这一集群模式的典型案例。

2. 跨体制校型

跨体制名校集群包括“公办民助”和“民办公助”两种方式。“公办民助”，即由优质民办学校扶持新建公办学校发展；“民办公助”，即由品牌公办学校或园所托管办学水平相对较弱的民办校（园）。跨体制的名校集群实现了公办与民办优势资源的输入和内部资源的互通，可以提升学校整体质量，形成高水平的错位优势。原本的公（民）办名校特色与影响力更加突出，新校与弱校则获得了更多的成长空间和发展机遇。这种方式使得体制内外的不同学校形成螺旋上升的发展态势，推动了区域教育优质均衡发展。例如，

2008 年建成的钱江新城实验学校，是一所公办学校，由民办学校杭州市采荷实验学校管理，两者联合成为杭州采荷实验教育集团；九堡街道的民办幼儿园杭州市东城幸福幼儿园，由公办幼儿园杭州市东城幼儿园托管，共同组建成为杭州市东城幼儿园教育集团等。这都是这一集群模式的典型案例。

3. 校企合作型

产教融合、工学结合是职业教育健康发展的生命线，更成为当下职业人才培养的主流。中等职业学校主动对接与自身专业建设定位相契合的企业、高职，积极挖掘，利用企业、高职的育人资源和力量，在专业设置、课程内容、育人路径、学生评价体系等方面与企业进行深度合作，共同培育符合社会、企业需要的人才，帮助学生更好地实现从“知”到“用”的转变，为学生从学校走向社会架好“梯子”，不断提高人才培养质量。一方面，学校通过让企业参与学校教育教学活动，使学校教育更加适应社会经济发展变化的形势；另一方面，企业通过参与学校教育教学活动，能获得更契合企业文化的高素质劳动后备力量。例如，杭州市建设职业学校与杭州湾建筑集团、浙江杰立建设、南鸿装饰、品茗科技等杭州市建筑、装饰龙头企业一起合作培养中职人才，就体现了这一集群模式。

四、价值植入融创式

教育要素的流动组合和集合优势是组建名校集群的支点，也是名校集群健康可持续发展的基石，而这正是融合创新理念的基本要义。名校集群植入的不仅是先进的管理制度、成熟的教学模式，更重要的是对价值观、理念的认同。名校集群追求开放、整合，集群内各成员学校共商共识、共建共享、共进共融，通过对教育要素进行有效、有机的融合，各要素呈现相互补充、相互协作的关系，大家相互扶持，相互促进，共同发展，实现集群内优质教育资源的辐射推广与合成再造，形成良好的教育生态，进而促进教育质量提升。

1. 教师联盟型

优质的师资是学校发展的核心力量。教师联盟名校集群是指以教师专业发展为根本任务而组建的集群。建立促进教师专业发展的协同机制，以学习集群的理念为精神引领，推进教师专业发展为重点工作，来整体设计集群学校教师专业发展项目与载体，此举旨在让每一位教师在追寻自身专业发展的路途中与同伴一同成长，养成共享与互通不同知识与体验的联盟精神，最终改变成员学校教师的教育教学理念和教学行为，以教师综合素质的提升，来促进学生和学校的发展。该类型更适合学校管理比较稳定，师资力量较为强大或偏薄弱的学校。例如，娃哈哈幼儿园专业联盟、城市新区教师联盟就是这一集群模式的典型案例。

2. 区域联合型

社会发展的脚步不断向前，人们对美好教育的向往也从未止步。区域联合名校集群，是指县（市、区），甚至省域学校之间采取协议的方式，以思想与管理指导为纽带，结成互帮互助的跨地域学校集群。在优质教育资源相对缺乏的地区，一些质量过硬、特色鲜明、品牌彰显的城市名校通过区域间的合作，将受助地区的学校纳入集群，在教育理念、教学管理、课程建设、教师队伍培养等方面进行全方位合作或对口性扶助，受助地区学校则根据当地的实际情况，将城市名校本地化，实现城市优质教育资源向教育薄弱地区延伸，同时也为名校自身发展开拓了巨大的空间。这种名校集群，是优质教育资源的进一步优化与归拢，因势而谋，因势而动，通过不同的融合机制同频共振，多向联动，不断创新各利益主体间的合作内容和合作方式，创造性地走出了实现浙江甚至全国教育共富的关键环节，是对老百姓追求更优质、更高水平教育品质升级的上城回应。例如，杭州市崇文实验学校跨过钱塘江到萧山世纪城办学、“浙江师范大学附属丁蕙实验小学＋常山县球川镇中心小学”、“杭州市天杭实验学校＋新疆阿克苏市天杭实验学校”就是这一集群模式的典型案例。

总之，上城区涌现出一些被广泛认可的既有典型性又有独特性的名校集群办学模式。从点上名校新校"一枝独秀"到面上"四式十型"，具体实践案例"百花齐放"，上城区名校集群已在基础教育阶段实现了无盲区全覆盖，优质教育资源惠及上城千家万户，如链接 3-2-1 所示。上城区名校集群建设，促使区域内各学校的教育资源有了量和质的飞升，促进区域内各学校的办学目标得以科学地"延伸"和"衔接"，促进区域内各学校快速、均衡、优质发展。

链接 3-2-1
上城十大名校集群介绍

参考文献

［1］王凯．名校集团化：区域义务教育均衡发展策略［J］．基础教育，2013（02）：17–21，28.

［2］刘希平．借助制度创新提升区域教育均衡化水平——杭州市"名校集团化"办学实践调查［J］．浙江教育科学，2008（03）：3–9.

［3］徐一超，施光明．名校集团化：教育均衡发展的实践演绎［M］．杭州：浙江大学出版社，2012.

［4］刘新成，王海燕，等．首都区域教育均衡发展的理论与实践［M］．北京：首都师范大学出版社，2012.

第四章

内生：基于区域优势资源的名校集群

名校集群的创办、运作和兴盛是一个系统工程，需要集社会多方力量共同成就，其中最重要的是激活集群校自身的办学内生动力，就像由一个鸡蛋孵化出新的生命，必定要由内而外打破自己，才能获得新生。上城区是基础教育强区，历史积淀深厚，百年名校、文化名人、优秀名师等众多优质本土资源为名校集群的产生提供了勃勃向上的内生动力，也为名校集群的迅猛发展提供了强有力的保障依托。本章将这种通过区域内优势资源内生重构形成的名校集群分成三类：第一类是以名校带动新校，实现新建学校和老牌名校的共同发展；第二类重在发挥名人文化效应，在名人精神的传承、创新中体现集群化特色；第三类是追求自主共享，通过集群联智实现教育共同富裕。

第一节 打造新建学校的“名校新校”名校集群

⦿

本节所要讨论的“名校新校”名校集群，即依托在市民中享有很高声誉的名校领办新建学校，由名校向新校输出办学理念、管理经验、名优教师等，帮助新校迅速实现高起点办学。根据名校和新校之间的关系及其关联程度，这类名校集群可分为紧密型和宽松型两类。

一、依托“胜利魔方”的紧密型名校集群

杭州市胜利小学（简称“胜利小学”）坐落于钱塘江畔，是浙江省乃至全国范围内办学历史最悠久、文化底蕴最深厚的名校之一。学校历史最早可追溯至1599年的崇文书院（位于现西湖边曲院风荷一带），康熙皇帝曾为其御题“正学阐教”。学校传承“崇文尚德”校训，以“享受成长的幸福”为办学使命，是教育部首批授牌命名的全国现代教育技术实验学校、全国数字化示范校、全国首批STEM教育实验学校、浙江省首批云上名校。学校于

1965年正式更名，现有钱塘和新城两个校区。

1. 办学初衷

作为一所有着420多年历史的名校，胜利小学以“正学阐教”为使命，以“崇文尚德”为方向，肩负起一代又一代杭城百姓的期望。1599年，曲院风荷的欸乃桨声，荡开了商贾子女的求学科举之路；1902年的钱塘县学堂，催开了现代教育制度的蓓蕾；改革开放之后，胜利小学更是培养了一批又一批卓越的教师和学生。在学校百年校友的璀璨星空中，可以看到国学大师王国维、晚清名士薛时雨、革命文艺家夏衍、著名作家张天翼等人的身影。

从20世纪50年代的浙江省教育改革“窗口”，到新时代钱塘江沿岸的名校集群，胜利小学始终紧跟区域发展的步伐，肩负着名校的责任使命，站在教育改革的潮头，为教育共同富裕做出自己应有的贡献。2002年、2009年和2018年，胜利小学陆续创办并孵化了杭州市崇文实验学校、杭州市胜利实验学校和杭州市胜利小学新城校区这三所杭城基础教育名校（校区）。2021年9月，上城区合并了上城区教育学院附属小学和杭州市教育科学研究所附属小学，将其更名为杭州市胜利山南小学，由胜利小学进行品牌辐射和管理输出，其中上城区教育学院附属小学为低段校区，杭州市教育科学研究所附属小学为高段校区。自此，杭州市胜利实验学校教育集团（简称“胜利教育集团”）正式形成“一校四翼”新格局，也成为上城区在浙江省共同富裕示范区建设背景下，具有典型意义的名校新校集群发展共同体。学校坚持“享受成长的幸福”办学理念，重视教育教学质量，践行“轻负高质”，着力培养具有“中国心·未来眼”特质、能够搏击未来风浪的“小海燕”。

然而，随着集团的成立和办学规模的不断扩大，学校发现，在名校带新校共同发展的办学道路上，简单的“1＋1”式管理是远远不够的。一方面，学校需要考虑如何兼顾各校区的优质均衡发展和特色传承，完善现有的学校运行机制，优化教育资源配置，实现优势互补……在一系列问题面前，需要找到一根合适的杠杆，撬动集团化良性管理和运作；另一方面，胜利小学虽然在现代教育技术的应用实践方面起步较早，已探索开发“胜利钉”平台，但随着信息技术更新换代速度加快，随着“数智浙江”“数智杭州”号角声起，学校要想继续保持在教育数智化发展领域的领先地位，需要在这方面持续发力，推陈出新。

2. 路径探索

胜利教育集团下属四个校区，法人相同、地域相邻、目标相近、规模相似，属于紧密型名校集群。面对集团化办学和特色发展的挑战和机遇，胜利教育集团决定将原校本数智平台“胜利钉”升级迭代，推出“胜利魔方”，并通过搭建数智场景，实现集团与校区间的信息交换和资源共享，促进集团多校区管理工作数智化、多校区教师研修自主化、多校区学生评价可视化，突破四校区合作、多元化共存等方面存在的现实难题，保证集群化发展平稳中有突破，在保持名校品牌的同时帮助新校实现高品质办学。

链接 4-1-1 胜利小学“胜利魔方”

“胜利魔方”采用“定制门户＋刚需场景＋常态化应用”的设计思路，其基本特征可概括为“场景化思考、由易到难、3 秒 3 步”（见链接 4-1-1）。“胜利魔方”强调“3 秒 3 步”用户体验，从口袋里拿出手机，打开钉钉，找到所需功能模块，通常只需要 3 秒钟就能完成这三步操作。所谓场景化思考，是通过捕捉校园各类工作需求，将复杂的教育行为细化分解为一个个小场景，如“校务管理”场景、“教务教学”场景、“后勤管理”场景、“家校共育”场景等，并对其做数智化演绎。在实施路径上，“胜利魔方”采取了由易到难的推进方式，即从管理平台开始，延伸至学校环境，由集团事务管理、数字化环境创设，逐步迁移至教育教学数智化（见图 4-1-1）。

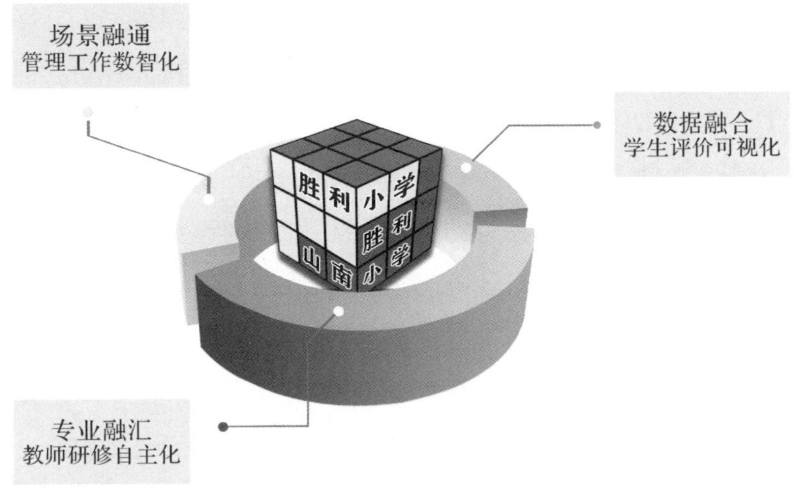

图 4-1-1　依托“胜利魔方”的紧密型名校集群管理模式

一是场景融通，实现多校区管理工作数智化。集团借助“胜利魔方”平台，建构多个场景应用，数智化规范管理流程，根据各校区师生不同的服务需求，建设“一站式”服务体系，通过打通数据，减少层级报送，实现信息开放，保证了校内基本事务的办理能通过线上交流完成，“一次都不跑”。同时，场景应用保证了各校区工作程序公开透明，便于查询记录，提高了工作效能。如“课务管理”场景不仅支持智能排课，还公开了全校教师课务和班级课表，方便进行线上调代课操作；“师生请假”场景保证了记录可统计、可追溯，为师生的月度教学考核和期末出勤考核提供了依据；“校长脑”和“数据脑”场景采用双脑全息管理，通过中枢系统一键查询，能及时有效掌握师生、班级、课程的动态变化。

“校安行”是“胜利魔方”的重要场景之一。“校安行”系统融通了多部门数据，实现了身份证信息、市民卡信息、学籍网数据等的多跨协同，构建了安全、可信、多维的身份认证体系，一码在手，教师、学生、访客便能够在集团四校区内安全畅行、畅用、畅学。

二是专业融汇，实现多校区教师研修自主化。学校从原先自上而下式的“管理与被管理”转为上下协同的“自治、共治、善治”，以数智渠道共享共融信息，上下协同优化教研形式。为了给不同发展阶段的教师搭建多元、立体、综合的成长平台，满足教师专业发展的个性化需求，学校根据发展实际，建立“胜利后浪团”“项目研究室”“名师工作坊”等集团内跨校区研修联盟，借助各校区名优教师的力量和各类赛课、展示活动的契机，打造跨校区研修联盟，鼓励愿景与发展方向相同的教师，打破年级、学科界限组建项目研究团队，促进团队成员共同发展。

为此，学校在“胜利魔方”上设置了“教学日历”和“听评课”场景。学校提前将教研信息备注在数智化平台“教学日历”中，让一周的教研活动安排一目了然，教师们可以自主选择，提前安排，这让四校区教师自主教研成为可能，也为跨校区教研活动提供了便利。活动开始前15分钟，系统还会自动发送提醒短信，教导处根据教师回复的“准时参加”或“突发状况，无法参加”信息，掌握相关教师的具体情况，调整教研安排。“听评课”场景则贯穿教研活动全程，教师们可借助移动设备随机在平台上输入听课花絮、听课感受和研课实况，既可查看自己的笔记，也可在线搜索他人的评课，实现了线上线下混合式评课。

三是数据融合，实现多校区学生评价可视化。为倡导“五育融合”的学习活动，描绘学生成长画像，将胜利小学德育评价机制辐射到杭州市胜利山南小学的两个校区，学校以“胜利魔方”为载体，开发多个场景，实现德育评价一体化。

“成长档案袋”是通过“胜利魔方”将学生的课程学习、身体素质、道德品质等情况进行数据化、可视化的一种综合评价，它通过“浙学码”串联起学生各阶段学习的成长记录，最终形成了学习成果、成长历程的完整成长档案。

“幸福卡”是学生“五育”的评价载体，它充分利用数智环境，通过交互屏幕、钉钉平台、各班级门口班牌进行“幸福卡”海报及操作指南宣传视频循环播放。它依托数智云平台，从钉钉客户端、幸福卡兑换一体机、智慧班牌等三个访问终端，面向教师、学生、家长巡回播放（见表4-1-1）。卡片信息录入平台后，一是作为教师评价数据记录，二是可在线累计积分并在积分商城兑换奖励项目，全方位营造浓厚的育人氛围。

表 4-1-1 基于综合素质评价的数智云平台架构

访问终端	登录方式	面向用户	物理层
钉钉客户端	工作台应用	学生、家长、教师	手机、个人电脑端
幸福卡兑换一体机	市民卡身份认证	学生、教师	校园一体机
智慧班牌	人脸识别身份认证	学生、教师	各班门口班牌

如果说“成长档案袋”和“幸福卡”评价体现了学生成长的阶段性成果，那么“电子班牌”则能动态呈现学生的成长轨迹。课间的走廊上，常常聚集着这样一群孩子：“看，×× 昨天在家里做家务，被妈妈拍下来发到班级圈啦！”“×× 昨天的颁奖照片，有那么多同学点赞了呢！”一个小小的屏幕，架起了孩子、学校和家长之间沟通的桥梁，充分挖掘了现代教育技术在交流、评价和育人等方面的功能，实现了教育教学价值的最大化。此前，它们一直是胜利小学的特色德育评价方式，如今通过“胜利魔方”在胜利山南小学落地生根，实现了两校德育评价一体化。

3. 展望思考

集团草创时期，曾面临各种桎梏，为此集团建立并完善了符合两校实际的紧密型教育共同体学校发展工作机制，并依托“胜利魔方”开展了一体化运作和捆绑式评价，充分发挥了紧密型教育共同体的优势。随着“十四五”新篇章的揭开，以及社会对均衡优质教育的高位期待，胜利教育集团还在思考新的发展方向。

一是办学理念：从管理走向治理。毫无疑问，名校新校集群化的推进，重组、整合和优化了教育资源，从深层次上触发了学校管理的改革。对管理层来说，要完成从管理一所学校到管理多所学校的转变。这种转变，带来的不仅是管理工作量的增加，还有管理意识、管理理念和管理方式的改变。

集团化办学过程中产生的事务性工作往往比单所学校更多、更庞杂，为使管理更科学、更简约、更民主，胜利教育集团还在不断研究改善职权配置，加大对管理层教师的培训力度，不断优化“胜利魔方”，减少事务性工作的系统消耗。比如，将管理结构重心向年级组与教研组下移，用扁平化的管理结构保持学校运作的精简高效，激活教师自我管理的自觉性，从而实现从管理走向治理。

二是师资培养：从输血走向造血。胜利小学名师荟萃，聚集了大量优秀人才，胜利教育集团的成立，为不少优秀教师提供了施展才干的舞台。胜利小学的许多优秀教师在新的工作岗位上兢兢业业，为集团发展做出了很大的贡献。然而，培养教学和管理的优秀人才需要一定的时间，虽然胜利小学储备了大量优秀人才，但输送太快，同样容易出现断层，导致自身发展滞缓。因此，胜利小学在集团化扩张过程中，还在思考怎样加强自身的造血功能，快速培养干部与教师，同时做好校区间的师资调配、优势互补。

三是文化接力：从引领走向共富。学校文化是凝聚学校师生的重要精神力量，是学校发展的内在动力。杭州市胜利山南小学的两个校区在合并之前为两所独立的小学——上城区教育学院附属小学和杭州市教育科学研究所附属小学，两校均有一定的办学历史和经验，合并之后，需要做好两个校区间文化的接续和融合。

目前，胜利小学通过梳理和内化百年老校的文化核心内涵、优秀特色品质、办学经验，刊编《胜利小学校史故事》，坚持秉承“崇文舫课—正学阐教—人间词话—胜利精神—胜利小海燕—时代精神”的学校发展文脉，已在胜利山南小学宣传推广“胜利”校史文化。之后，还将进一步挖掘和吸收胜利山南小学的优秀校史精神元素，通过对胜利小学“根深叶茂”意象的提炼，让四个校区共同汲取新的文化，达到再传承、再创新的目的，推动师生可持续发展，焕发四个校区的新活力，彰显“胜利”集群发展品牌价值。比如钱塘校区主推“根”文化，厘清“正学阐教”的核心概念，通过德育课程促进校史研究内化人心、塑造品质；新城校区主推“深”文化，通过数智化场景构建，逐步实现学校数智化的“德智体美劳”全面发展育人观；山南高段校区主推“叶”

文化，以生态农场为主阵地、以“八节”为轴、以“十二日”为线，打造生态校园新样态；山南低段校区主推“茂”文化，根据家校政社四方协同的区域教育发展理念，精心打造宋韵文化体验中心。

二、美美与共的松散型名校集群

“接天莲叶无穷碧，映日荷花别样红。”杭州采荷第一小学教育集团（简称“采一集团”）依托创校之初荷池幽幽、荷叶田田的地域资源和文化积淀提炼出“荷文化”，秉承“关注孩子一生的发展”的办学宗旨，积极践行“以美立校、美润童年”的美育办学理念，以荷文化“正直、自信、灵动”的精神内核引领学校内涵发展，让师生成为最美最好的自己。

集团的前身是杭州市采荷第一小学（简称“采一”），自 1987 年建校以来，不断探索发展路径，创新管理模式。2008 年成立采一集团，旗下拥有 3 所独立法人的学校，对杭州市采荷第一小学和杭州市钱江新城实验小学实行紧密型管理，对杭州市丁信小学进行松散型管理。集团连续 17 年获得区教学质量十佳优秀学校称号，入选中国新样态学校联盟实验学校、第二批全国中小学中华优秀文化艺术传承学校。

1. 办学初衷

《国家中长期教育改革和发展规划纲要（2010—2020 年）》指出，均衡发展是义务教育的战略任务。党的二十大报告也明确指出，“促进教育公平”“加快义务教育优质均衡发展和城乡一体化”。因此，优质、均衡地办好新建学校，满足人民群众日益增长的对优质教育资源的需求，始终是采一集团探索集团化办学的责任和使命。

2015 年，在区教育局统筹规划下，采一集团带着使命将优质资源辐射到丁兰地块，创建了杭州市丁信小学（简称“丁信”），并对其实施法人独立的松散型管理。

采一和丁信空间距离远，在办学文化、管理方式、教学理念、教师梯队结构等方面存在显著差异，在推进过程中容易出现“松着松着就散了，散着散着就没了”的现象，时间长了，集团化办学容易名存实亡。“让教育的理想之光照耀到集团内每一位师生的身上，让梦想绽放的光华从每一个孩子的心底升起。人人都成长为最美好的自己，闪耀在各自人生的旅途上。”采一集团秉承的这一美好的教育愿景，不能因为集团化办学管理上的困境而沦为空谈。

采一集团原有的紧密型集团管理的模式亦无法满足丁信特殊的管理诉求，为了让松散型教育集团形散而神聚，大家凝心聚力，决定重新建构符合采一、丁信两校校情的教育治理机制，让名校在集团化办学中充分发挥对新校的辐射引领作用。2018 年，《双射线模式：松散型教育集团治理新范式》成功立项为杭州市第三届教育科研重大课题，采一集团正式开启了松散型教育集团治理的新探究。

什么是双射线模式？该模式是指基于集团松散型联结办学的实际情况，汲取原有的“射线型管理模式”的经验，进一步探索、创新与完善，从而建构起的新型管理模式。其中一条射线代表采一对丁信的辐射，另一条则代表丁信对采一的反哺；两条射线双向互动，处于不断发展、不断提升的进程之中，所产生的作用和影响会涉及集团内部治理的多个维度。

采一集团依托“双射线模式”，进一步明确了采一、丁信两校的聚合点，那就是彼此成就，合作共赢，优质均衡，持续发展。在治理机制的助力下，促进松散型教育集团内部各种资源、优势的优质聚合，让采一和丁信各美其美、美美与共。

2. 路径探索

“双射线模式”以促进师生美好发展为出发点和聚力点，以双射线并行交互为特点，形成了德育互生、教学互惠、教师互动和文化互融四大治理新范式，如链接 4-1-2 所示。“德育互生”新范式通过仪典课程共同建设、实践活动共同践行、十佳少年

链接 4-1-2 “双射线”模式介绍

共同评选三大实践载体着力画好集团育人同心圆，形成了互融互生的德育格局。“教学互惠”新范式着眼于学习内容、教学方式和学习评价三大载体，积极开展课程与项目共建，转变学教方式，实现教学资源共享，促进学生素养提升。“教师互动”新范式以欣荷历练营、德育导师制、1＋1＋X名师基站、三会一课等为实践载体，进行了三方面探索：教师成长联合成营，双向开放骨干带教，教研活动夯实地基。“文化互融”新范式围绕“共生”进行三方探索，即集团文化共同追求、学校文化个性发展、教师文化共同打造，形成具有高度凝聚力的集团文化。如图 4-1-2 所示。

图 4-1-2　“双射线模式”四大治理新范式

“双射线模式”有力推进了采一集团集团化治理的纵深发展，也成为了上城区义务教育优质均衡发展图景中一道亮丽的风景线。

一是德育互生，为生命打下茁壮成长的根基。德国存在主义哲学家雅斯贝尔斯认为：“教育的过程首先是一个人精神成长的过程，然后才是科学获

知的一部分。”为了更好地实现两校学生的精神成长，采一与丁信着力画好育人同心圆，形成了德育互生机制，重点从两方面全员行动助力学生茁壮成长。

一方面联手共研德育课程。采一有年级德育项目课程体系，丁信则在传承采一经典的“六心志愿服务”基础上，架构起“五美十会”风信德育课程。两校联手共研德育课程，使德育课程更加科学化、精细化和系统化。采一设计完善了“智美、慧美、健美、洁美、谐美”五美少年评价体系，丁信经过三年的实践，也构建了“美德宝”风信好少年评价标准。双美评价体系引领着两校学子与美好的德行相伴，与爱和善同行，努力成为最美最好的自己。

另一方面联手共促德育活动。举两校之力，共同创设了一系列洋溢着生命情怀与成长温度的德育活动：新生入学仪式“感恩生命，精彩起步”；入队礼“光荣入队，激发使命感”；10 岁成长礼“融入情感，感恩父母”；毕业典礼“铭记情谊，逐梦未来”……一个活动就是一段刻骨铭心的记忆，一场庆典就是一次心灵的洗礼与升华，孩子们学习的热情被激发，向上的精神被召唤，他们的童年因此增添了诗意与美好。

二是教学互惠，为学生铺设个性飞扬的跑道。两校积极寻找聚合点，努力打通教学壁垒，进行教学理念互通、教学内容共建、教学资源共享，在为孩子铺设个性化跑道的同时，也让松散型教育集团的教学联通更为紧密。

其中最有代表性的是课程共建。如果把学校看作一个生命体，那课程就好比是“传递主要生命物质的血液循环系统”，是一所学校运行的轴心和品质的基础。从 2007 年至 2017 年，集团研发了“采一 4D 拓展性课程”体系，包含“人文·慧动类”“科技·智动类”“艺术·韵动类”和“体育·律动类”四大类课程，让孩子们在动手、动脑、动口、动心中实现生命的高峰体验，如表 4-1-2 所示。《4D 拓展性课程十年探索》一书于 2017 年教师节出版。丰富多元的课程，培养了孩子正直、自信、灵动的品质。

表 4-1-2　采一 4D 拓展性课程

主题	实施时间	具体内容	评价载体	评价时间	课程进度
人文·慧动类	周五下午	诗情画意、童趣绘本、故事乐园	双语节	10 月	个体：入门—基础—提高—精英 团队：全员项目—班级 PK—年级推优—成果汇报
科技·智动类		七巧板进阶、奥数农场、DIY 乐高、神奇模力	智慧节	4 月	
艺术·韵动类		墨香、纸趣、笛韵、鼓乐	艺术节	6 月	
体育·律动类		棋乐、竹舞、球艺、田径	体育节	5 月	

丁信在创办之初，就以“采一 4D 拓展性课程”为蓝本，结合自身的“DNA”架构起“风信课程”。例如，采一开发了数学“6W 思维课程”，丁信根据学情，衍生研发了“数学绘本”课程。课程内容同中有异，异中有同，相得益彰。多元的课程菜单，让不同智能、不同个性的孩子都有一条起飞的跑道（见表 4-1-3）。

表 4-1-3　丁信一、二年级拓展性课程

主题	实施时间	具体内容	评价载体	评价时间	评价方式	进度预设
实践活动类	周五下午	童真阅读（文学、数学绘本教学）	“疯狂吧”语文节	11 月	语文学科展示	个体：入门—基础—提高—精英 团队：全员参与—高手 PK—年级推优—成果汇报
			“奔跑吧”数学节	5 月	数学学科展示	
		学能优化科技创新（感统训练、机器人操控）	全脑运动会	1 月	趣味游戏展示	
体艺特长类		筝笛古韵、童画飘香（古筝、陶笛、儿童画教学）	艺术节	6 月	音乐美术学科展示	
		棋球共乐（围棋、篮球教学）	体育节	4 月	体育健康主题展示	

在课程研发的过程中，两校教师有分有合。为了更好地与国际文化接轨，两校共同研发采一集团 CBD 国际融通课程，包括“荷娃游世界”“国粹中国心”“潮玩国际范”等多个课程项目。随着课程边界的不断突破，松散型集团在课程互享中的交流合作也变得更加紧密、灵活、多元，让教育更好地通往优质、均衡。

三是教师互动，为教师搭建自我超越的平台。教育大计，教师为本。集团精心搭建多条跨校研训渠道，以欣荷历练营、德育导师制、1＋1＋X 名师基站、三会一课等为实践载体，促进两校教师同修共研，超越自我，迈向卓越。

2015 年，两校合作为入职 3 年内的青年教师成立了欣荷成长营联合体。这一联合培养青年教师的举措，到 2022 年已坚持开展了 7 年。丁信共有近百名青年教师到采一跟岗学习，采一也派出了多位骨干教师走校进行面对面指导、手把手帮带。在一定程度上破解了丁信青年教师专业发展的困境，更是激发了教师自我生长的力量。如今，两校青年教师正逐步成为采一集团发展的主力军。

除了借助集团优质师资力量，丁信也积极加强自身造血功能，借鉴采一“三阶师训 T 型规划”体系架构了“新苗营、盈杏林、常青堂”系列教师培训系统。联合研训，跨校展示，无界沟通，让青年教师快速崭露头角，让骨干教师示范引领，也让处于职业倦怠期的教师重新感悟教师职业的长度、宽度、高度、纯度、力度与温度。教师们“聚”得兴味盎然，也“聚”得卓有成效。2018 年，采一集团被评为浙江省第一批示范性教师发展学校建设学校。

四是文化互融，为师生共绘各美其美、美美与共的教育丽景。学校文化是一所学校的精神，是凝聚人心的重要体现。借助文化互融机制，促进两校的文化相互融合、共生共荣，既有共性的价值倡导，又包含个性化的立体表达。

集团成立了“‘众筹会’文化互融项目制”。每年暑假，两校干部齐聚“文化互融研讨坊”，把好集团的“文脉”，更好地以文化人，以文聚人。无论是采一还是丁信，都以“关注孩子一生的发展”为办学宗旨，都认同和坚持美育化办学思路和实施路径，着力打造美丽学校，创办美好教育。

采一在三十余载的办学历程中，始终坚持以美立校，美润童年，提炼出了有形的“荷文化”，将“荷”这一文化意象所承载的“正直、自信、灵动”的品质植根于采一每一位师生的心中。丁信则秉承了“荷文化”理念精髓，以“童梦同心、自信诚信”的教育理念为指导，提出了“焕发生命热情，共筑幸福人生”的风信子文化，致力于打造一个以童为先、以童为大的“大童世界”。两校文化一脉相承，风信子文化的创生与发展，丰富、繁荣了采一原有的“荷文化”内涵，绘就了两校各美其美、美美与共的教育前景。

3. 展望思考

踏上“十四五”规划新征程，聚焦松散型教育集团运行过程中的治理重点和难点，采一集团坚持“双射线模式”形散神聚的特质，将围绕“学生成长”“教师发展”“学校建设”和“特色育人”四个维度，着力打造美好教育，成就全体师生成为最美最好的自己。

联合创建集团德育工作新亮点，让美流淌心田。两校联动建构“全员育人、全程育人、全方位育人”的操作系统。进一步完善采一集团“六心五美四润”育人体系，以四润课程项目为引领，推进两校家校共育、年级联动、少先队共建等工作。同时结合少先队红领巾奖章争章活动，进一步完善集团双美评价的顶层设计。两校联动评选十佳少年（采一五美、丁信五美），用和而不同的评选标准为全体学生选出榜样，并以多种形式开展宣传，发挥正能量的榜样作用，全方位、多渠道、多样化推进集团育人工作。

联合升级教师专业发展新空间，让美浸润课堂。两校合力打造一支结构合理、师德优良、视野开阔、业务精湛的教师团队。进一步完善两校联合师训体系，针对不同年龄、不同层次的教师的发展诉求，以教研组、备课组常规主题研修为抓手，推进美好课堂建设，畅通研训渠道，加强展示交流，以目标驱动的方式，借助课堂历练、讲堂分享、科研引领、岗位锻炼等多种渠道和载体，促进各个层次的教师实现专业优质发展，让美浸润课堂。

联合促进校园智慧管理新升级，让美涵养思想。坚持数据驱动，将搭建智慧校园作为松散型教育集团治理改革的有力支撑，不断完善基于数据的“整体智治”。设计开发以“采一芯”为主体，包含两校教学、德育、办公、行政、后勤等多方面的智能平台。重点优化“采一芯”建模，助力教学研方式转型，推进E研训，创设一站听评圈、之江研训群、交互历练营、进阶微科研四个模块，实现项目管理网络化，逐步形成强大的管理效能，有力促进集团优势发展，让美涵养思想。

联合点亮拓展课程新体验，让美发展特色。以美育理念为引领，两校合作继续深化拓展课程体系建设，进一步丰富拓展课程门类，开发和培育精品课程；彰显课程的时代特征，融入“学后乐园”体系，进一步发挥课程育人功能。继续推进音乐学科竹笛进课堂建设，推进美术学科剪纸校本课程建设，以全面普及加重点培优的思路，提升学生的艺术素养，从而助力学校美育建设，彰显集团美育特色。

第二节 发挥名人文化效应的“名人名校”名校集群

上城区在打造高品质学校、实现教育共富的过程中巧妙借助本地文化资源，把名人文化元素融入学校办学过程，逐渐发展出一批“名人名校”名校集群。这些学校因人制宜，与时俱进，通过对名人文化的挖掘、渗透、传承和创新，走出了一条名人文化引领下的个性化发展之路。这里以杭州市钱学森学校和杭州市茅以升实验学校为例。

一、传承精神：让钱学森精神照亮校园

杭州市钱学森学校为九年一贯制公办学校，可容纳 48 个班，2000 多名学生，占地面积约 4 万平方米，总建筑面积约 10 万平方米，有地下两层，配备千人会场和恒温游泳池，学校建筑富有江南特色，融入宋韵风格，近有海潮寺，西见城隍阁，东挽钱塘江，是杭州宋韵文化展示的窗口之一。学校以“赓续红色基因，弘扬科学精神，培养时代新人”为初心使命，坚持立德树人，

深化教育教学改革，以培养“文理兼修·大成智慧”的德智体美劳全面发展的社会主义建设者和接班人为己任，如链接4-2-1所示。

链接4-2-1
杭州市钱学森学校介绍

1. 办学初衷

党的二十大报告提出“实施科教兴国战略，强化现代化建设人才支撑”重要论断，明确指出要坚持教育优先发展、科技自立自强、人才引领驱动，加快建设教育强国、科技强国、人才强国，坚持为党育人、为国育才，全面提高人才自主培养质量，着力造就拔尖创新人才，聚天下英才而用之。

2022年9月，中共中央办公厅、国务院办公厅印发《关于新时代进一步加强科学技术普及工作的意见》，强调“科学技术普及是国家和社会普及科学技术知识、弘扬科学精神、传播科学思想、倡导科学方法的活动，是实现创新发展的重要基础性工作”，各级各类学校要把“增强科学兴趣和创新意识作为素质教育重要内容，把弘扬科学精神贯穿于教育全过程”。

弘扬科学家精神，传播科学家思想，对科教兴国有积极意义。拔尖创新人才的培养，需要在基础教育阶段就注重培养学生的科学家精神。

在科技发展日新月异和全球形势复杂多变的背景下，全社会共同营造青少年“从小爱科学、学科学、用科学”氛围的任务更显紧迫，弘扬科学家精神、传播科学家思想刻不容缓，亟待行动。

钱学森是我国现代著名的科学家，为我国的航天航空事业做出了巨大贡献，同时也是一位教育家，在教育领域提出过许多颇具建树的思想理念，因此，以钱学森精神文化引领办学在当下极具现实意义。

2016年，在钱学森之子钱永刚教授的指导下，杭州市时代小学在全省探索开设“钱学森实验班”，开设的“学森课程”和开展的“学森实践”均取得了很好的教育效果和社会反响，学校办学水平逐年提升。杭州市时代小学依托名人文化的成功实践产生了积极的辐射力量，2021年，钱学森110周年诞辰之际，为进一步弘扬钱学森精神，在钱学森的家乡——浙江杭州，杭州市钱学森学校顺利建成，这既是从“钱学森班”到“钱学森校”的跨越，也是钱学森精神文化引领名校集群化发展的开始。

作为浙江省第一所以钱学森的名字命名的学校，杭州市钱学森学校一直在精心构建，积极探索，努力尝试，将课程建设、学生活动、教育评价等与科学教育紧密结合，让科学家的思想照进校园，赓续红色基因，坚持立德树人，着力培养担当民族复兴大任的时代新人。

2. 路径探索

一是系统构建具有学校特色的课程体系，培养科学素养。丰富的课程是传播科学思想、孕育科学思维的最好方式。学校自创办以来在科学家思想的挖掘、科学精神的培养上下足功夫，结合学校资源和校园实际形成了独具特色的科学素养课程体系。学校坚持科学学科课程体系的开发与建设，将课堂作为培养学生科学思维的主阵地。学校注重从学生的实际出发，创设学习科学的情境，激发好奇心与求知欲，使学生在探究过程中体验学习科学的乐趣，培养学生的科学素养。例如，初中部的学生在科学组教师的悉心指导下，运用植物学知识在教室里举行“百花大会”，观察染色后的水如何通过根、茎、花中的导管运输改变花的颜色，他们用科学知识揭示原理并撰写实验报告，用科学知识创造心中最美的花。

学校还校本化研发了“森森学子”德育品牌课程、航天育种劳动课程、第二课堂实践课程以及美育课程等，多样课程，多管齐下，共同培育学生科学精神。德育课程中有晨会课程，学校鼓励学生自主选择、搜集、整理、提炼科学家的资料，向全校师生播报科学家的事迹、精神和启示。航天育种劳动课程中，引进太空育种技术，建立太空农场，在劳动实践中观察、研究、探索，培养认真踏实、严谨求知的科学精神，提高科学素养。在课程规划与实施过程中，学校因地制宜地筹划了第二课堂实践课程。在校内钱学森纪念馆里，学校创建了“学森讲解团”，让学生全方位多角度感受钱学森的科学家精神，增强他们科技报国的意识。

二是设计丰富多彩的育人活动，培育科学家精神。学校设计开展多主题、多类型的创意活动，让科学家精神自然地弥漫在校园的每一个角落，浸透每一个孩子的心田。

科学无国界，科学家有祖国。钱学森曾说过："我的事业在中国，我的成就在中国，我的归宿在中国。"学校每年都会邀请钱学森之子钱永刚教授到学校给学生上爱国主义思政课。

学校定期举办科技讲座，普及科学知识，弘扬科学精神。2021 年 12 月 7 日，学校邀请中国杭州低碳科技馆副馆长王益钢为学生开设"飞机上天的秘密"讲座。在引进科学家、科技人才宣讲科学精神的同时，学校还鼓励师生走出去，与科学家面对面，零距离感受科学思想和科学家精神，体验祖国不断强大的科技实力。2022 年暑假期间，学校教师带领部分学生前往海南文昌参观航天博物馆、钱学森纪念馆，见证 7 月 24 日"问天"实验舱飞天这一历史时刻。2022 年 8 月 29 日，在"科学启航 逐梦苍穹"2022 浙江省科技馆"科学有观"特别活动中，中国载人航天工程副总设计师、航天英雄杨利伟与钱学森学校学生亲切交流。

为了激发学生的好奇心、想象力，学校把增强科学兴趣和创新意识作为素质教育的重要内容，鼓励学生动手实践，玩出智慧，玩出新意，玩出名堂。在钱学森 110 周年诞辰之际，设计多个系列主题活动，旨在让学生在学习实践中体悟科学家精神，提升科学素养。在"我的航天梦"活动中，学生共读科学家的书，共讲科学家的故事，描绘航天梦想，启蒙科学精神，致敬钱学森。

我国著名教育学家顾明远说："没有爱就没有教育，没有兴趣就没有学习，教书育人在细微处，学生成长在活动中。"校园活动是培育学生科学精神的载体和土壤，学生在学校精心设计的丰富活动中，深切感受到科学家身上的力量，便能潜移默化地树立自己成长的榜样。

三是完善正向多元的评价体系，激发创新潜能。科学精神的本质在于创新。如钱学森所说："我们不能人云亦云，这不是科学精神，科学精神最重要的就是创新。"基础教育阶段要着眼于学生创新意识和创新能力的培养，保护学生对事物的好奇心与探究的兴趣。学校教育要唤醒每一个学生的创新意识，保护他们的创新热情，就要改变评价学生的单一方式，破除唯分数论的陈旧观念，注重结果评价与过程评价相联系，鼓励个人评价与团队评价相统一，提倡作业评价与作品展示相参照，实施统一评价与适性评价相结合，从而形成多元的评价维度，助力科学思想照进校园，激活学生创新动力。

理想的评价能够呵护学生积极向上的好奇心，不急于判断“对与错”，才能不断逼近真相，探索更多未知的科学知识。在钱学森学校，学生制作出了“飞”上高空的水火箭；在平板上搭建出坚固的桥；用不同色彩的颜料调出了彩色的花；在农场种出了1米长的丝瓜……有了今天的小制作，才有将来的大创造。对于这些学生日常科技活动的成果，学校都给予积极的肯定和鼓励。

学校教育面对的是一群鲜活的生命，教育者的眼里不能只有“分”没有“人”，有了“人”才有“人才”。教育者要发现他们显著的个体差异，顺势而导，发展个性，激发潜能，因此学校倡导统一评价与适性评价相结合，通过完善多维评价，关注不同年级、不同个体，激发学生对科学的兴趣，保持他们对科学的热情，激发他们的创新灵感，在校园里营造出勇于创新的积极氛围。

2022年，钱学森学校小学二年级学生小姜，是杭州市乃至浙江省年纪最小的围棋业余5段棋手。入学以来，她每天都是上午在学校学习，下午到杭州棋院进行专业训练。为了保护她在围棋上展现出的过人天赋，学校召集任课老师一起反复商讨，为她订制个性化助学方案，通过视频连线、传送微课、个别辅导等方式，帮助孩子成长。此外，学校曾有一位学生痴迷科技创新活动，有一次做实验把学校的水池“炸”裂了，对这个学生的奇思妙想和古灵精怪，老师并未责备，而是加以包容和保护，相信唯有如此，将来学生才有可能萌发科学猜想、实现科技创新。

3. 展望思考

学校未来的发展，将继续秉持钱学森“文理兼修·大成智慧”的思想，坚持钱学森“系统科学”理论，立足每一天，关爱每一人，上好每一课，在“学校文化凝练”“治理体系创建”“课程系统设计”“学生成长支持”“教师专业提升”“综合评价探索”这六方面不断探索创新，如图 4-2-1 所示。学校尤其重视科学家精神内涵的挖掘与提炼，弘扬科学家精神，传承科学家文化，自觉践行科学家精神，让科学家的精神照进校园，让每一个学生都能沐浴在科学思想的光辉下，继承和发扬科学家的优秀品质。

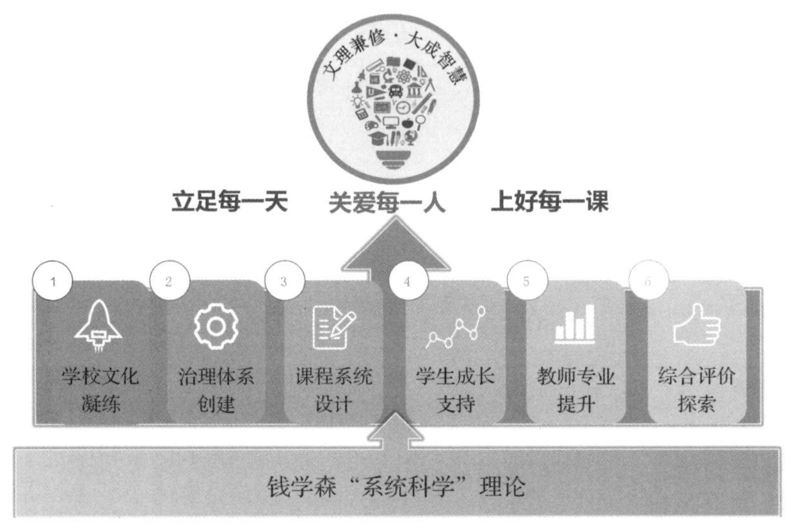

图 4-2-1 钱学森学校办学理念

一是挖掘名人文化。学校持续深入学习钱学森各种教育思想，结合校情，围绕钱学森“大成智慧教育思想”，践行“文理兼修·大成智慧”的校训，学生应文理兼修、全面发展，学校应引导学生不断走向大成智慧。校训的提炼是学校教育传承和发展名人文化的核心举措，既有利于表达钱学森精神的内核，也有利于构建学校个性化的文化体系，让名人文化在学校教育教学的各个环节落地、生根、开花、结果。

“必集大成，才能得智慧。”钱学森特别强调大成智慧要“熟悉科学技术的体系”，才能更好地汲取、集成人类的智慧。根据这一思想，学校制定了基于形式与内容的科学管理体系和素养培育目标。在课程设置与内容上基于科学论证，创造性地提出“元宇宙”概念的科技课程，携手中国移动打造“5G＋智慧校园示范基地”，在多项活动和课程中开始应用 VR 技术，增强学生的学习体验，提升课堂效果。

二是传承名人精神。学校文化主要包括物质文化、精神文化、行为文化。学校着力构建有美感、有细节、有人性、有温度、有故事的美丽校园，形成以爱国科学家精神育人的学校特色文化，通过特色校本课程“森森榜样”“森森护照”“森森力量”的开发、研制与实践，在物质、精神、行为三方面传承钱学森精神。如表 4-2-1 所示。

表 4-2-1 钱学森学校名人校本课程

课程类型	课程内容	表现形式	实施方式
“森森榜样”（指向道德情感）	借助学校名人资源，开设“赓续红色基因·弘扬科学精神”特色德育课程，旨在引导学生对榜样有正确的判断和选择，加强正能量宣传和教育	1. 品位课程：强调家国情怀、民族精神 2. 科技系列课程：培育学生的科学素养和创新精神 3. 生命教育课程：学习生命健康知识，树立正确安全观	引导学生以钱学森等名人作为道德和理想的榜样，在晨会主持、主题演讲、阅读分享等系列校园文化活动中，介绍、交流、研讨、思考钱学森等名人的故事和事迹
“森森护照”（指向道德认知）	以学生所学德育知识“森森护照”作为有效的载体，将德育过程中的“知情意”具体化、规范化。以思政课教师实践教育基地钱学森纪念馆为资源开展系列学习、任务、行动，借助“森森护照”做好积累	1.“森森护照”：包含行为规范、学段规划、志愿服务记录等内容，有主题、有阶段地引导学生形成道德认知 2.“美德少年”评选活动：树立正确导向，发挥榜样的模范带头作用	通过多样的评价活动，实时的道德行为记录，助力学生在德育活动中规范自身言行举止，树立道德榜样，提高道德的认知水平，并将其内化，成为道德意愿
“森森力量”（指向道德行为）	将以榜样为代表的德育知识课程付诸实践行动，学生“从做中学”，获得道德素养的提升。通过多角度、全方位、多类型的实践活动，助力学生的综合道德水平的提高	1. 钱学森纪念馆系列课程：创立钱学森纪念馆“学森讲解团”，由学生参与设计路线、活动方案等内容 2. 个性课程：开设体育、艺术、科技、演讲、主持等多方面促进学生全面发展的课程	鼓励学生参与社会性的公益活动和实践活动，培养社会公德心和助人品质；通过劳动培养其社会意识、劳动意识、创造意识，培养其团队精神、科学精神；通过学生、学段之间的帮扶，增强其责任感

在校园物质文化方面，学校将不断完善校园文化设施建设，精心布置教室、楼道以及校园每个角落，营造浓厚的文化氛围。环境布置重点关注钱学森精神、航天精神和宋韵文化的育人内涵，建立具有鲜明文化特色的学校形象“森”识别系统。

在学校精神文化方面，基于“在参与中完善”的理念，学校通过自上而下和自下而上两条途径，围绕“大成智慧”提炼出办学理念、办学目标、培养目标和一训三风，架构出以钱学森精神为核心导向的学校文化顶层架构。

在学校行为文化方面，学校积极推行尊重、民主的管理者管理方式，营造团结、协作的教师协作文化，以及培养友善、阳光的学生行为习惯，逐渐形成具有学校烙印的共同特征。

三是弘扬名人品牌。学校利用独特优势，发挥“钱学森纪念馆”的品牌效应。“钱学森纪念馆”作为浙江省中小学思政课教师实践教育基地，具有独特的引领作用，有利于推进习近平新时代中国特色社会主义思想进教材、进课堂、进头脑，发挥思政课铸魂育人主渠道作用，提高中小学德育队伍专业能力。学校围绕钱学森精神，积极开展“青春使命”“学习新思想　做好接班人”“钱学森好少年”“开学第一课”等主题教育活动，将绿色低碳发展系统纳入教育课程体系，加强和改进学校思政工作。

学校以钱学森精神、科学家精神、航天精神为主题，打造开发系列特色课程，定期举办具有学校特色的艺术节、体育节、科技节、读书节等活动，在航天科技、国防教育、亲情教育等方面做出品牌。

二、一馆三院：茅以升实验学校名人学校集群发展

杭州市茅以升实验学校创建于 1993 年，是一所以著名桥梁专家茅以升的名字命名的学校，校内设有茅以升事迹展览馆。学校以“承茅老之德，育创新人才”为办学宗旨，秉持“让每一个生命都闪亮”的办学理念，营造以“承载、

担当、力量、联通”为核心的“桥”文化，努力培养“善真健美勤”的五彩少年，历练“笃志、习学、创新”的五彩教师，努力建成兼具特色辐射力、文化生成力、持续发展力的特色品牌学校，如链接 4-2-2 所示。

链接 4-2-2
杭州市茅以升实验学校介绍

1. 办学初衷

1997 年，受区政府委托，著名桥梁专家茅以升的女儿茅玉麟对区内各个小学进行考察，经过多项内容、多重指标的评估，以科技活动见长的景芳二小被选中。同年，学校正式更名为“杭州市茅以升实验学校”。茅玉麟将茅以升的部分文稿和生前使用过的科研工具，以及反映了他崇高人格品质的文化生活用品送给学校留作纪念。学校将这些珍贵的礼物、相关的书信和照片，以及茅以升先生在桥梁事业方面的成就进行了整理和加工。1999 年 4 月，“茅以升事迹展览馆”在校园内建成了，之后，它逐渐发展成为钱塘江大桥纪念馆共建发展合作基地、杭州市城市学校少年宫、杭州市青少年学生第二课堂活动五星级基地。

近 30 年来，学校以“文化育人、科技见长”为发展战略，坚持传扬茅以升的精神，积极开展科技教育的探索，通过不断的思考、践行、总结，逐渐形成了鲜明的科技教育特色。

一是基于茅以升提出的“桥梁以渡”理念的科学素养。科技教育必须从时代背景出发，将科学知识、科学思想、科学方法、科学精神作为一个整体，使其内化成为师生的信念和行为，并沉淀为师生的科学素养。茅以升为中国的桥梁建筑事业做出了巨大的贡献，学校把其事业作为开展科技教育的抓手，以桥梁为载体，开发特色课程，设计项目学习，培养学生良好的科学素养。

二是基于学生兴趣的自主探究。学校的科学教育不应该只是教师向学生传授科学知识，还要让他们自己去发现科学知识。针对科技教育，学校引导学生从生活情境中发现问题，并将问题转化为学习主题，学生通过探究、制作、体验等方式开展跨学科的活动。教师鼓励、帮助学生自主探究、自主组团、自主实践、自主评价，学生成为学习和发展的主体。教师尊重、激发学生的创意，努力用知识点燃学生智慧的火花，使他们保持旺盛的好奇心，想象、猜度的乐趣，发现、创造的信心。

三是基于匠心精神的家国情怀。中国第一座自行设计建造的铁路、公路两用桥——钱塘江大桥象征着一种工匠精神，茅以升的家国情怀则是这种匠心精神最宝贵的内核。学校在进行科技教育的过程中，紧紧抓住匠心精神，帮助学生确立正确的社会主义核心价值观，让学生从小立志成为德智体美劳全面发展的社会主义建设者和接班人，完成立德树人的根本任务。

2. 路径探索

为了更好地推动科技教育，学校建立了开展科技教育的专业组织——“一馆三院”。“一馆”指茅以升事迹展览馆，“三院”指茅以升精神实践院、茅以升桥文化研究院和茅以升少年科技院。学校通过“一馆三院”的建立，弘扬茅以升精神，培养茅校好少年。依托“一馆三院”，学校开发了以动手实践为主体的特色课程，设计了基于真实问题的跨学科学习，组建了满足个性发展需要的项目社团，构建了“善真健美勤”五彩少年评价体系。学校历经初创期、发展期、深化期，从让科技亲近少年，到让科技融入生活，再到让科技走向实践，逐渐形成了学校教育的特色品牌。

构建科技教育特色课程群。课程是教育改革目的和学校办学目标得以实现的支撑，是学校教育的核心。针对小学生认知发展特点、发展需求及科技教育的规律和特点，学校整合“科技之光”系列课程，本着课程活动化、活动生活化的路径构建科技教育特色课程群。该课程群旨在培养学生的创造力，按照以知识为基点、以兴趣为引领、以探索为方式、以问题为导向的路径，将学科课程、社团活动、主题研究、基地资源等重新整合，通过交叉渗透、互相补充、螺旋上升，建构成普及型科技课程、兴趣型科技课程和提高型科技课程等系列课程体系（见图 4-2-2）。学生可以选择自己喜欢的课程，或是研究，或是创造，或是实践。校本课程的推进，让建构式科技教育的内涵得以进一步丰富。如学校的特色课程“桥梁与工程体验课”，以提高每个学生的科学素养为总目标，通过构建相互关联的基础认识、动手实践、创新拓展三大学习领域，实现学生动手能力、科学观察与实践能力、创造能力的提升。课程设置了桥之韵、桥之彩、桥之美三大学习板块，每周安排一节选修课，由课程教师组织学习活动。“桥梁与工程体验课”被评为浙江省义务教育精品课程。

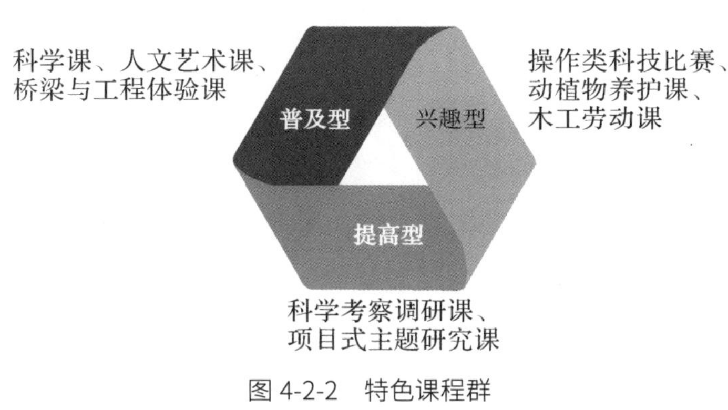

图 4-2-2　特色课程群

实施桥梁主题跨学科项目。项目学习是一种新型学习方式。学校充分发挥其在促进学生科学探究、合作交流、信息技术应用等综合学习能力方面的作用，设计实施以桥梁为主题的学习项目。学校设计实施的项目学习，扎根由地区特色、社会环境等构成的科技教育的社会土壤，结合学生生理、心理发展特点，关注与学生息息相关的生活内容，侧重知识与现实生活的联系，激发学生对科学技术的兴趣和内在需要。在实践中，先后形成了三类项目：一是基于实地考察的模型制作类项目，如“五彩缤纷桥，联通 G20”；二是基于学科渗透的主题学习类项目，如“钱塘江新桥我来建”；三是基于解决真实问题的合作探究类项目，如“我们的运河我的桥”。其中，“钱塘江新桥我来建”项目，共分“确定主题制订方案—寻访魅力钱塘江桥—话说魅力钱塘江桥—建造魅力钱塘江桥—评价表彰”五个阶段，学生走出教室，在寻访、交流钱塘江大桥相关的历史故事，建造钱塘江大桥模型的过程中，以合作、探究、制作、实践、体验、创造为主要学习方式，将在语文、数学、科学、英语、桥梁与工程体验等多门学科中学到的知识进行整合应用，打破了学科学习的壁垒，参与到更加贴近生活、更具教育意义的学习之中，获得了真实体验，与知识产生了有机联系。

组建三类三级社团群。在茅以升实验学校，学生入学后，长期浸润在以科技活动见长的校园文化中。科技社团群的建立，能够让学生基于兴趣与特长自主选择、深入探究，对进一步激发学生学习兴趣、培养学生科学素养、拓宽学校科技品牌具有重要的作用。学校的科技社团分为年级、校级、社区三级，其中：校级社团共8个，包括科技比赛类社团6个、区域共享类社团1个、创客空间（3D建桥）类社团1个；年级类社团共3个，包括生命科学类社团2个、创客空间（木工）类社团1个；社区社团2个，包括科技专家指导类社团1个，社会资源指导类社团1个（见图4-2-3）。每学年初，学校发布社团招募通知，学生登录微信公众号了解社团介绍，对照报名条件，选择心仪的社团进行报名，社团指导教师通过审核确定社团成员。在其后的一年时间里，社团指导教师带领学生立足社团特色，发挥社团育人功能，开展社团活动，组织社团评价。在探索中，丰富了社团内涵，实现了个性化育人成效，擦亮了科技教育品牌。区域共享类社团活动的兴起，还将学校科技特色辐射出去。

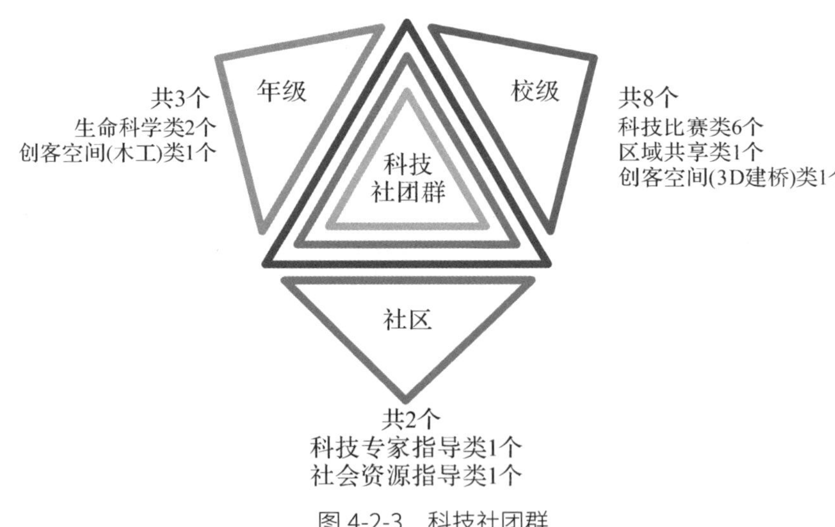

图 4-2-3　科技社团群

“桥梁体验社团”面向杭州凯旋教育集团的其他成员单位——杭州市春芽实验学校、杭州市景华小学、杭州市南肖埠小学的学生开设，招收对桥梁认知、实验、创新有兴趣，喜欢动手制作的团员。每周五下午组织这三所学校的学生走校学习，开设基础型社团和提高型社团，课程的设计、实施与评价全由茅以升实验学校教师承担，形成了科技教育学习中心的雏形。

构建五彩少年评价体系。学校在办学历程中积淀自己的核心教育价值——“善、真、健、美、勤”五大素养成为该校学子独特的精神气质。学校以评选五彩少年为载体，积极探索评价改革，实行了学科分项等级评价和综合素养评价，变革了学生成绩报告单，搭建了学生评价智慧平台。学校致力于学生创新精神和科学素养的研究与实践，设置校本“茅以升”特色章。按照年级、社团，学校分别开展由“小学士、小博士、小院士”组成的三级争章活动，并在此基础上助力学生梯级成长，鼓励学生积极争当爱科学、学科学、懂科学、用科学的好少年（见图 4-2-4）。例如，在每次项目学习的总结展示阶段，学校会邀请家长、专家作为评委，参与学生桥梁作品的评选，通过点评、投票的方式进行评价，并展出优秀作品。学校编辑学生桥梁作品集《越过彩虹》《桥，凝固的生灵》《桥与人生》，将五彩少年的形象展示在这些作品集中，用评价推动育人方式的转变。

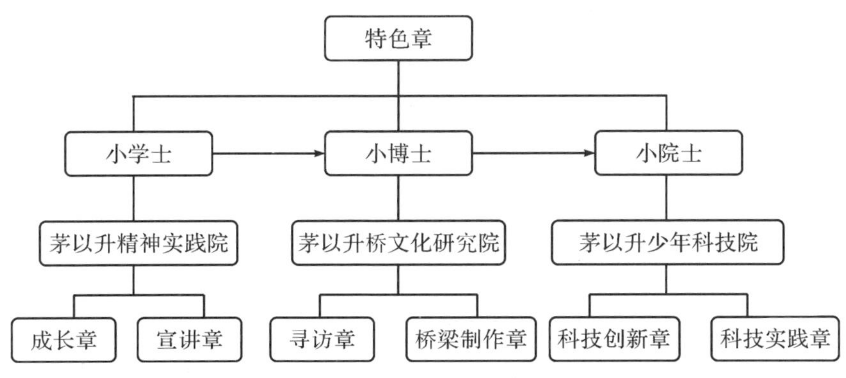

图 4-2-4　五彩少年评价体系架构图

3. 展望思考

在理念上，学校挖掘“桥梁以渡”的育人内涵。桥的功能在于渡人，教育就像是一座座桥。学校应当履行教育的桥梁使命，深刻理解和挖掘教育的桥梁功能，将学校变成承载桥、理解桥、建设桥、成就桥的场域。学生的学习，就是在走过一座座学习的桥，从学习的此岸到达成长的彼岸。教师教书育人，帮助学生过桥，在前面引、在旁边扶、在后边促，教师自己也从教书的此岸到达育人的彼岸。

茅以升实验学校努力担负起新时代教育的桥梁使命。不仅要让学生会过桥，还要让他们将学习的过程变成创造的过程，通过学习“搭桥建桥”，小时候创造出学习的桥、成长的桥，长大后创造出为他人服务的桥、为社会做贡献的桥。

在方向上，学校从科技特色走向“五育融合”。2018 年全国教育大会上提出，要培养德智体美劳全面发展的社会主义建设者和接班人，必须“五育并举”。华东师范大学教授李政涛认为，“五育融合”是当前及未来基础教育改革最重要的发展方向和路径之一。如今学校正在朝向“五育融合”发展，努力走出科技特色教育的新天地。“五育”要融合，不是做简单的加法，而是要持续发挥科技教育在高质量育人方面的重要作用。学校只有将科技教育与其他各育融合起来，进行全方位、全过程的统筹整合渗透，才能让科技教育在德育、智育、体育、美育和劳育中无时、无处不在。

在行动上，学校落实新时代科技教育的融合机制。其一是发展融合过程载体，确保“五育融合”真实发生。在原有五彩课程 1.0“点状”、五彩课程 2.0 的“线性”基础上，推进“课程的结构性变革”，发展五彩课程 3.0“巢状”课程形态，依据“融合育人”的理念，进行课程统整，并在已有的优质课程与项目的基础上，开展迭代实践，促使课程再生，形成多个“可持续发展项目”，进一步打造具有茅校特色的五彩课程品牌。其二是突破融合评价要素，指向提升“五育融合”的效果。构建全新的五彩少年评价体系，不再孤立地评价学生的德育、智育、体育、美育和劳育成绩，而是以“五育融合”度为评价单位，进行学生综合素养整体性评价，着重凸显五维发展均衡度、个体发展进程和个性发展特色等指标。其三是夯实融合保障机制，保障“五育融合”有效、持续发展。充分发挥各级各类教育的主体作用和融合责任，完善教师研训机制和社区共育机制。茅以升主张“先习而后学，便是先知其然，再知其所以然”，将此教育思想贯穿教师研训机制，以教师工作坊为载体，依托“朴学成长营”“习学领航营”“润学研修营”，重点打造“习学”系列活动，为教师的高质量专业成长助力。拓宽新时代“一馆三院”的路径，以“未来学校”为理念，让融合走进社会和家庭。联合学生家庭和周边“半小时”范围内的学习资源，勾画出一张“以升精神”实践地图，建设“同心共育圈”机制。

杭州市钱学森学校、杭州市茅以升实验学校依托区域名人资源，走出了一条卓有成效的办学之路，他们不仅充分挖掘名人文化、开发名人课程、开辟名人场馆、传播名人思想、传承名人精神，而且结合时代发展和社会要求，与时俱进，赋予名人文化以新的内涵。除了这两所学校外，杭州市夏衍小学、杭州市蒋筑英学校、杭州市行知新城幼儿园等学校也在特色课程、校园文化、师资培训等方面很好地发挥了名人文化效应，成为上城区“名人名校”名校集群发展的优秀代表。

第三节
追求自主共享的“集群联智”名校集群

本节所要介绍的是通过整合资源相互借力、共谋发展的一类名校集群——“集群联智”名校集群。根据不同的载体或抓手，这类名校集群分为以一个街道为单位进行组建的传统型名校集群和以信息技术手段为依托集结而成的创新型名校集群。杭州凯旋教育集团和杭州濮家小学教育集团就是其中的典型案例。

一、探寻教育的桃花源：依托街道联智共生的名校集群

杭州凯旋教育集团位于凯旋街道，地处上城区西南部，东与彭埠街道、四季青街道相邻，南与采荷街道相接，西与拱墅区潮鸣街道相连，北接闸弄口街道，东北与彭埠街道毗邻。集团学校办学特色鲜明，将“3H”（健康—health、幸福—happiness、和谐—harmony）价值观念贯穿教育教学的方方面面。杭州凯旋教育集团成立于2013年，成立之初，凯旋街道、区教育局

与华东师范大学基础教育改革与发展研究所（简称“华师大基教所”）就杭州凯旋教育集团的发展签订合作协议，由凯旋街道牵头，华师大基教所深度参与集团的教学研究、教师培训、教育科研、学校管理等活动。

1. 办学初衷

“阡陌交通，鸡犬相闻……黄发垂髫，并怡然自乐”的桃花源，是陶渊明笔下的理想世界，也是每一个人心中美好的梦想。在探寻教育的桃花源之路上，中国自古就有优良的传统，孔子在 2500 多年前就提出“因材施教”等教育理念，这些理念既是对教育自身的要求，也蕴含着人们对以教育促进社会公平的期许、对共同富裕和美好生活的期盼。

然而，在奔赴教育共富的路上，街道历史、面积、人口、周边品牌化学校压力等复杂因素，制约了凯旋区块学校的发展。

凯旋街道地处城市新开发区和小商品交易集散地，随着凯旋街道城镇化的发展，大量楼宇新建，大量企业入驻，使得外来人口大量涌入辖区，截至 2011 年末，凯旋街道总人口为 7.95 万人，辖区面积仅有 4 平方千米，人口密度为每平方千米 19875 人。辖区内人口密度如此之大，学校数量又有限，区域教育资源陷入极度紧张状态。

凯旋街道地处城东，不能摆脱城郊接合部的固有特点，使得区域内教育发展极不均衡，名校少，老校弱，优质教育资源“先天不足”。大量新交付的学校位于教育相对薄弱的乡镇，教育资源“分布不均”，又进一步加剧了教育发展的不均衡。如何激活老学校办学活力，促进区域教育整体发展，成为教育者思考的主要问题。

凯旋街道辖区学校与“采荷＋”品牌学校紧邻，周围居民多选择“采荷＋”品牌集团学校就读，而凯旋街道的学校规模小，又各自为政，无时无刻不感受到来自周边品牌集团学校的无形压力。因此，相互独立的办学状态不能满足人民对美好教育生活的需求，集团化办学的愿望便应运而生。

为满足人民群众对美好教育生活的需求，2013 年由凯旋街道牵头，区教育局对辖区内规模小、距离近、办学特色显著的几所学校进行整体打造，引进华师大基教所资源，通过稳定的机制建设，有效盘活片区内的学生、教师和课程资源，成立杭州凯旋教育集团合作开发共享课程，为学生发展提供更多的选择，缩小区域内教育差距，推进教育公共服务均等化，办好家门口的每一所学校，最大限度地满足人民群众对更加公平、更高质量教育的需求。

2. 路径探索

杭州凯旋教育集团面临辖区内学校规模小、校间距离短、社会影响力弱的问题，为实现教育的优质均衡发展，集团进行了资源整合，调整了整体布局，与华师大基教所开展多领域合作，从教师联聘、学生联招、活动联办、特色联建、资源联享、中小联动、专家联席、平台联通八个方面（见图 4-3-1），不断盘活教育资源，展现了集团化办学的教育新样貌。

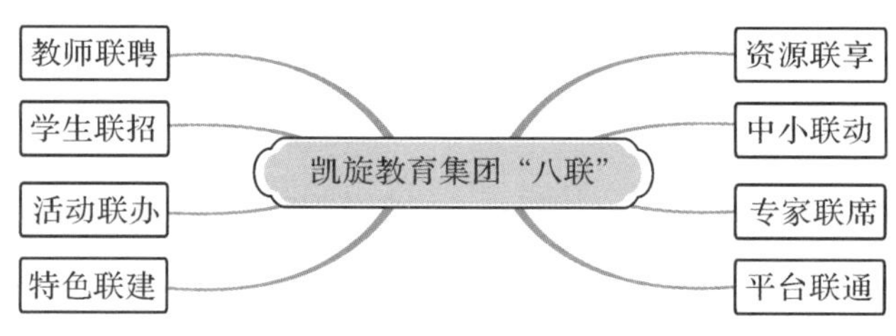

图 4-3-1　杭州凯旋教育集团“八联”架构图

一是教师联聘，构筑桃源培育队伍。教师是教育发展的根本，为优化共同体教师队伍，学校突破有形的界限，实行共同体内教师流动机制。为办好人民满意的教育，杭州凯旋教育集团共同体内所有学校从自身出发提出需求意向，或者与共同体内其他学校之间自主达成合作意向，由区教育局提供政策支持，实现优秀教师在共同体学校内流动的制度。如 2013 学年，数学、科学、英语、美术等学科的 4 位骨干教师实现了流动，由骨干教师带去了各校学科的优秀经验，推广了各校实施的校本课程。共享师资的实施，有效推动了共同体内教师综合素质和业务水平的提高。

二是学生联招，自选桃源培育沃土。杭州凯旋教育集团以学生为中心，以兴趣为导向，遵循选择性教育理念，让学生选择适合自己的教育，孩子们可以根据兴趣特长选择适合自身发展需求的学校入学，这一举措推动了学校在特色建设上的长远谋划。如 2013 年 6 月，共同体“四小联招”正式启动，首次试验大学区招生政策。大学区内的 40 多名学生实现了区块内“择校”。

三是活动联办，激活桃源百花齐放。杭州凯旋教育集团建立了跨校学科教研大组，汇集四校的同学科教师，各校轮流承办共同体教研活动，形成了百花盛开、争奇斗艳的局面。杭州凯旋教育集团还推出了“一汇一课一论坛”的多彩活动，如开展中小学生共同参加的“凯旋少年才艺汇”活动，开发中小学一体化的“凯旋中小衔接课程”，开设中小学教师共同参加的“凯旋教育发展论坛”，让桃源内的师生各取所需，相互学习，共同成长，推动共同体学校发展，让桃源百花齐放。

四是特色联建，共享桃源精品课程。杭州凯旋教育集团在办学的过程中形成了各自不同的特色且在区内都享有一定知名度。因此，杭州凯旋教育集团利用“两中四小”所处地理位置相对集中的优势，合作联建了共同体共享课程，如表 4-3-1 所示。每周五下午，通过教师走教、学生走校、网络学习等形式，学生可以参加共同体共享课程的学习，从而分享不同学校的特色资源，拓宽了视野，拥有了更加多样化的课程，有了更多的成长可能性。

表 4-3-1　共同体课程联建联享举例

课程名称	开课学校	主要内容	年级	选课基础
国际象棋	杭州市南肖埠小学	国际象棋的基础知识与战法；棋类文化；国际象棋大师的故事	1—6	对国际象棋有兴趣
软笔书法	杭州春芽实验学校	篆书、楷书、隶书、行书等；书法漫画；书法家趣闻；名胜书艺	4—6	具备软笔书法基础
桥·生命	杭州市茅以升实验学校	挖掘桥文化；认知桥的结构；创造不同桥	1—6	对桥感兴趣
石之语·篆刻	杭州市景华小学	篆刻基础知识与文化；临摹与创作；书法、刀法与章法	3—6	具有较好的美术基础

五是资源联享，共助桃源蓬勃发展。桃源的发展离不开培育者的精心呵护和自身旺盛的生命力，更离不开大自然的阳光和雨露。集团办学要想谋求进一步发展，除学校、教师和学生的努力外，还需要街道、高校资源的大力支持。凯旋街道作为该区块内的第三方力量，通过“凯旋师表”“凯旋少年”“学校发展奖”等表彰评选，在奖教、奖学等多方面给予了丰富资源，强力扶持和助推区域教育共同体的建设与发展。华师大基教所利用高校的资源优势，为共同体各校教师提供名校跟岗、异地培训的机会，极大地促进了学校的课程建设和教师队伍发展。

六是中小联动，衔接桃源资源共享。注重中小学教育教学的衔接，是共同体系列活动的重点之一，活动不仅促进了共同体各校的沟通和了解，还实现了校际的资源共享。例如，每年五月，杭州市景芳中学与共同体内四所小学都会开展别开生面的小升初衔接课堂体验活动。

七是专家联席，把脉桃源发现病症。共同体发展离不开专家问诊，华东师范大学的专家是共同体的高端智力资源库，实行“一校一科研校长”蹲点制。当教师校本课程规划与建设、课题研究、教学诊断等方面遇到问题时，专家可以根据实际实实在在地提供解决方案。在“一对一”指导的基础上，华东师范大学组建专家组，定时定点到共同体内学校进行连续性、跟进式的集中指导，对症下药，有效解决学校发展中的重大问题。

八是平台联通，共享桃源发展成果。“独乐乐，不如众乐乐。”通过建立“一网一信一刊”共同体管理平台，各校可以共同分享集团办学的成果。“一网”指共同体网站，通过提供网络学习，满足集团各校在线共享课程，及时宣传各项活动的需求；“一信”指共同体管理工作微信群，理事会依托这一平台实施高效管理；“一刊”指共同体工作简讯，两月一期，提炼并总结共同体及各学校的工作经验。

3. 展望思考

教育既是共同富裕的重要组成部分，又是共同富裕的重要动力。习近平总书记指出，必须把促进全体人民共同富裕作为为人民谋幸福的着力点，不断夯实党长期执政基础。中国共产党第十九届中央委员会第五次全体会议提出，到 2035 年，全体人民共同富裕取得更为明显的实质性进展。

因此，对教育来说，因地制宜探索区域教育“共富”新路径是必要的。杭州凯旋教育集团将借助街道力量，合作开发共享课程，对区域内所有学校进行合理规划，通过理念、资源、管理、成果共享，促进每一所学校发展，提高每一个区块教育水平，进而实现全域教育整体优质均衡，切实呼应新时代人民群众日益增长的对美好生活的需求，为教育优质均衡发展新样态提供一个科学、合理的解决范式。

（1）建构从“点状”到“块式”再到“区域”的推进模式。

以街道为单位，通过区块内资源集聚和开发，促进文化、师资、制度等要素在区块内合理流动和有效组合，获得相应的集合优势，引领优质教育资源从“点状发展”走向“块式发展”。同时，将区块内的教育创新成果向“全域”扩散，优化服务半径，缩小区块差距，实现全域教育的优质均衡。

（2）从强化体系建设走向制度化建设。

杭州凯旋教育集团全面厘清教育部门、中小学校、高校、街道等不同主体的功能与责任定位。教育部门履行公共服务提供和治理政策制定的责任；高校提供专业指导和智力支撑；街道提供专项教育经费资助并进行经费使用的监督和绩效评估；理事会、学校发展专业委员会、成员学校在各自的权力范畴内开展教育活动，形成了多元主体共同参与的“开放式”教育治理结构，成为推进教育优质均衡的区域治理新样态。

（3）丰富基础教育优质均衡目标的实现路径。

进一步深化“八联制度”，促进集团体内部原有“新校”“弱校”迅速成长，助推原本的“弱校”迅速形成自己的特色，实现成功蜕变，储备新的名校资源。持续增强凯旋街道办学模式的辐射力与影响力，努力为各地尤其是城市化快速推进地区提供高绩效、可复制的路径和教育治理现代化的参考范本。

二、教育合伙人：依托联智体平台的濮家小学集群共同体

杭州市濮家小学位于杭州市东部，学校办学文脉可追溯到1912年，历经数次迁址与合并，至今已有110多年的历史，于1988年更名为现用名，是一所底蕴深厚、务实拼搏的市实验学校。2005年成立的杭州濮家小学教育集团，设有濮家、万家、笕新三个校区。学校始终深耕阳光教育，以“阳光教育，活力校园，温暖教师，七彩少年”为总体目标，培育“健康、乐学、尚美”的阳光学子。2019年基于“互联网+”战略思维横跨闸弄口、笕桥、丁兰、彭埠等街道，携手新办的杭州市丁兰第二小学、杭州市丁兰第三小学和杭州市澎汇小学，以“合伙人”模式组建“集群联智共同体”（简称“联智体”）。

1. 办学初衷

党的二十大报告提出了“中国式现代化”的重大理论，要实现全体人民共同富裕的现代化，离不开美好教育的共同富裕，离不开教育“优质”和“公平”的积极作为。

随着城市化进程的高速推进，丁兰及彭埠板块的发展为上城教育带来前所未有的机遇，2016年9月创办丁兰第二小学，2019年9月创办丁兰第三小学，2020年9月创办澎汇小学。随着新学校的建成并投入使用，辖区内老百姓对教育的需求不断升级，已从关注“有学上”转向“上好学”，对接受优质教育的需求呈现井喷式增长，使得区域教育资源总量快速扩张和优质教育资源不足之间的矛盾突显出来。

彼时，杭州市濮家小学已开展集团化办学十余年，并正尝试在集团化办学的基础上进一步探索联智共同体建设新路径。由此，学校主动回应人民群众对教育的向往和期待，积极响应国家教育共富政策，组建集群联智共同体，为区域基础教育发展机制提供新的思路和方向。

在面包的制作过程中，酵母需要发挥发酵作用，才能使面团成为更具价值的面包。联智体的创建受到了“酵母效应”的启发，联智体中的新校亟须

注入“酵母”，即核心校的师资、办学理念、教育教学等综合资源。一方面新校接收“酵母”加速自身的发展，缩短成长周期；另一方面核心校通过输出“酵母”实现部分空间的腾挪，利于自身后续资源的吸收与发展。对于“酵母”自身而言，可以在新的环境中激活新的生命力，有利于其重新焕发生机。此外，联智体发展在各校办学特色的基础上，利用各方资源和优势，在组成方式上由输出为主走向共建共享，在资源利用上由教育内部走向教育外部（社会），在发展方式上由全方位合作走向个性化集约，在空间联合上由分割闭塞走向智慧互联。

以教育推进共同富裕，已然成为新时代的新征程。联智体以“合伙人”模式建立起“区域联动，校校联动，线上线下双融合”的集群学校内生共享机制，有力助推区域教育优质公平发展，持续发挥省市区名校的辐射带动作用。

2. 路径探索

联智体改变了原本集团的“家族企业”式运作，不是由上级行政部门规定的办学组织，而是并肩作战、合作共赢的“合伙人”模式。联智体下设管理层、运作层和监督层三环，制定“进出会员申报、联席会议、成员轮值、任务清单、动态调整”五项制度，通过“教师共培、学生共育、资源共享、特色共建”的推进路径，保障联智体的“多轮驱动”运行，最大限度发挥各成员校的办学效益。

一是“合伙人”模式的组织架构。联智体分为管理层、运作层和监督层三环，管理层为联智体最高决策机构，又名事项决策理事会，负责制定、修改和审议章程、工作方案。下设核心合伙人、联合合伙人和骨干合伙人，其中核心合伙人由轮值校长担任，联合合伙人由各校校长担任，骨干合伙人由各校的推荐名优教师组成。运作层为日常工作机构，又名管理执行委员会，与社会衔接，借家庭与社会多方力量使事项落实更为高效。下设常务理事和理事，常务理事由各校副校长担任，理事由核心合伙人所在校推荐产生。监督层又名学术专业秘书处，为联智体成效监督、成果收集与共享宣传等的反馈机构，由各校教育行政部门构成，如图 4-3-2 所示。三层结构由上至下作出决策制定、活动组织以及监督成效，再由下至上将成效反馈到决策层，以制定或修正决策的新一轮部署，最终形成联智体运作的良性循环。

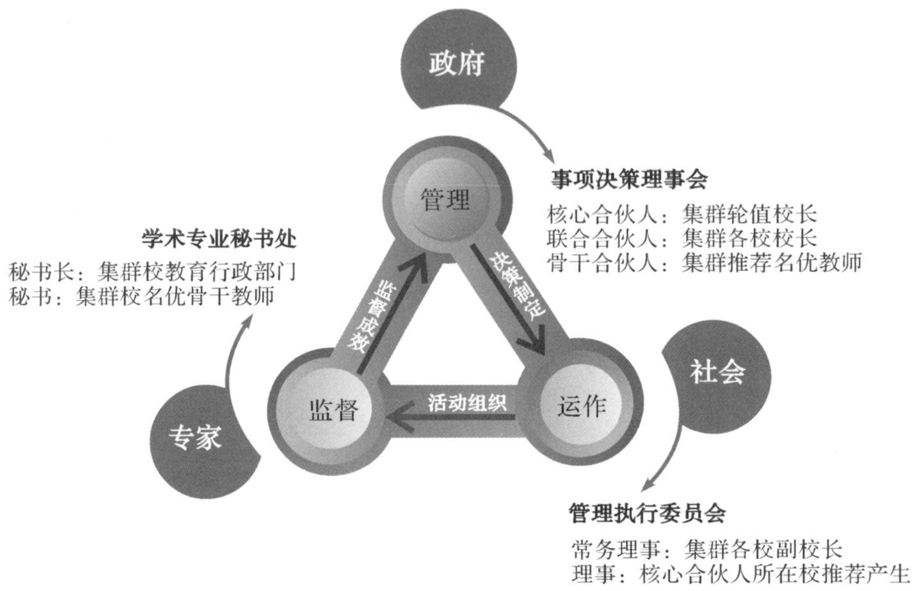

图 4-3-2　联智体“合伙人”组织架构示意图

二是“合伙人”模式的运行机制。联智体形成了五项并举制度，作为事项决策理事会的行事依据。会员申报制度：采用合伙人会员制管理模式，自主申报，经事项决策理事会批准，可自由进入和退出。联席会议制度：于每年 1 月召开联智体校务会议，由核心合伙人与联合合伙人参与；于每年 7 月召开年度联席会议，由合伙人和理事会成员共同参与，就联智体师资队伍建设、年度经费预算等重要事项进行研讨决策。成员轮值制度：核心合伙人每两年轮值一次，由联合合伙人“轮流坐庄”，具有重大事务决策权和专款使用审批权。任务清单制度：以两年为一个发展周期，签订共建协议书，建立多向服务清单与任务清单，明确主要负责人以及完成时限，每季度定期通报进程。动态调整制度：联智体以两年为一个运作周期，周期内各校需履行义务，并享有权利。不遵守章程，连续两年不履行成员义务的成员校，视为自动退出。

三是“合伙人”模式的运作平台。基于智慧教育技术，联智体分别从学生、教师、学校三方面出发，建构以“童玩时空、阳光臻选、名校上云”为核心的三级平台，以支持学生跨科学习、教师跨校开展智慧教育、学校教育教学资源共享。

对于学生，杭州市濮家小学率先创设“童玩节”PBL 项目式学习活动，并将原本的“童玩节”迭代升级为“童玩时空”平台，即一个在联智体内可共享再生的多维智慧教育平台，以学生活动、特色课程、特长交流为主线上线下联合开展。并依托浙江省之江汇教育广场的各类应用模块开展虚拟课堂、自主选师、跨校交流等校际生本教研活动。

对于教师，联智体“阳光臻选平台”采用公有云的方式部署，各校作为私有节点接入。以环境层、资源层、平台层和接入层为框架进行架构，主要包括联智体的校本资源库和支撑课前、课中、课后“留白教学”的应用系统。环境层指各校的课堂教学环境，包括录播教室、多媒体教室、智慧教室等。资源层指校本资源库，主要包括题库、微课及课题等异构的数字化教学资源。平台层指为师生提供的具体信息化应用，包括信息发布、资源推送、可视化的数据统计、学生画像等。接入层指满足接入要求的各类终端，主要有智能手机、平板电脑和个人电脑。

对于学校，“名校上云”是学校数字化改革的重要探索步骤，是推进互联网学校建设的重要抓手。“十四五”期间，浙江省计划择优推出 100 所“云上名校”，杭州市濮家小学是省级首批“云上名校”。为进一步扩大优质数字资源的深度应用与有效供给，联智体开辟“以建促用，以用促建”的双向通道，盘活平台“蓄水池”，优化资源建设样态，有效支撑覆盖全员的个性化在线教育公共服务的开展，实现联智体优质资源共建共享。

四是“合伙人”模式的主要特征。其一为松而不散，联智体强调基于对“阳光教育”的认同，自主自发地进行校际联合，是一种低控制的组织。同时通过师资的合理调动与分配，改变原本校中对于部分教师的固有的刻板印象，使其获得鲜活的教师形象。且因文化同源，在师资流动过程中不会出现教师行为散漫的问题。其二为大而不拙，截至 2023 年 3 月，联智体已有 6 个学校（校区）加盟，横跨上城区三个街道，地域范围大，通过智慧交互、信息技术等手段，在各校之间搭建互联共通的信息交流交汇渠道，使得运行并不笨拙。其三为和而不同，联智体内各校均以让孩子享受更优质的教育为最终目标。由于联智体内各校所处发展阶段不一致，处在高原期的学校需要焕发新机，处在建校初期的学校可在文化基础上生发出自我优势特色，进而与处在高原期的学校形成互补。因此，联智体内各校遵循和而不同的理念，都是积极为联智共同体提供资源，实现优势互补的助力方。

3. 展望思考

（1）回溯教育初心：让更多学生接受“好教育”。各级学校在具体的教育教学活动中，为每一位学生提供均衡的教育和发展机会，是构建“好教育”的前提。联智体将各项各类学生活动进行“合伙”，统筹规划学年特色课程菜单，极大尊重学生的自主特长发展，在择校、择师、择项等方面开设了互联互通快速道，在丰富的选择基础上，尊重学生的个性发展，为更多学生接受“好教育”创造了有利条件。

同时，联智体致力于区域校本教育资源的共享，促使优质资源在各校内均衡分布，促使教育品质稳步提升。联智体将通过实施精品课程共享、优秀教师走教等，让校本课程建设更为丰富多元，以满足每一个学生的不同兴趣、爱好和需求。

（2）消融师资瓶颈：让更多老师获得“优成长”。联智体关注教师队伍建设，通过引入各级各类专家名师资源，拓宽联盟内教师发展视野和空间，提升教师的核心竞争力；实现各校名师资源“合伙”，通过“一师一室一团队”（即师徒结对、名师工作室、项目合作共同体），策划分层培训系列课程，全方位、多角度提升教师综合素养，合力培育，引领各层级教师专业发展。

在教师交流这块“硬骨头”上，联智体根据需求促进各校骨干教师、特殊群体、管理干部甚至校级领导开展交流体验，实现师资的合理流动，为联智体管理人才和师资队伍建设提供更为丰富的学习和展示平台。下阶段，联智体将建立教师“蓄水池”，通过一些流动编制的设置，让区管校聘不再沦为空谈，让教师在交流中获得“优成长”，提升教师校园幸福感。

（3）促进资源均衡：让更多学校走向“高发展”。学校的发展离不开科学规划，而自愿组团规划便是其中的孵化剂。根据丁兰、彭埠区块发展实情和各校实际，通过对学校核心竞争力和校园文化、思想理念的认知、认同，联智体内各校的校长们自愿组团、科学规划，探索独具特色的改革路径，使各校携手发展、共同进步，实现优势互补，激活老学校，办好新学校，促进学校“高发展”。

多向资源整合则是推进剂。联智体的“合伙人”模式打破学校各自为政、自成一统的办学格局，整合校际优质教育资源，集聚区块内社会力量，形成合作、互动、分享的教育协作组织、教育互助组织和教育发展组织。

可以说，联智体是学校之间性情相投、发自内心的互补与共存，通过彼此的通力合作，取长补短、抱团成长。联智体的全面建设，创新了管理模式、制度举措和运作机制，汇聚了优质资源及联智体建设中的生成性资源，打造了“合伙人”模式下的名校集群化办学优质品牌，促进了教育均衡化发展，致力于在教育中实现“共同富裕”。

不论是杭州凯旋教育集团，还是以杭州濮家小学教育集团为核心的联智体名校集群，这两类实现跨校联动发展的办学模式，都能够趋向优质、特色、自主共享式均衡化发展，已然成为促进基础教育均衡发展以及扩大优质教育资源广度和覆盖面的有效范式。独行快，众行远，已有越来越多的学校加入行列，心手相牵，推进教育共同富裕！

参考文献

[1] 王红．双射线模式：松散型教育集团治理新范式［M］．北京：现代出版社，2021.

[2] 俞晓东，戚小丹 ."美好教育"样本区：集团化办学再出发的杭州新行动[J]. 中国教师，2020（06）：105-107.

[3] 施光明 . 杭州市"集团化办学战略"解析[M]. 北京：中央文献出版社，2006.

[4] 郭荣强，杨洁 . 让中华优秀传统文化"活"起来、"传"下去，一所四百年历史的学校这样做 | 我们的新时代④[EB/OL].（2022-08-24）[2022-10-10]. https://mp.weixin.qq.com/s/G0a01sCxg4uigI2Lw9RsMg.

[5] 唐彩斌，沈华 . 造就拔尖创新人才④ | 以钱学森名字命名，这所学校用科学教育培养时代新人[EB/OL].（2022-10-27）[2022-10-10].https://mp.weixin.qq.com/s/oFxOWtaota X6D2yFmJYZyg.

第五章

借力：基于引入资源的名校集群

引进资源能力的高低，往往决定着学校教育教学发展水平的高低。上城教育人以开放的胸怀，吸纳各类优质资源：一方面将高等院校资源引入学校，让理论对接实践；另一方面，让区域优质学校进行品牌引领，与普通薄弱学校联盟。借力生力，借力发力，上城区基于引入资源的名校集群的蓬勃发展，致力实现区域教育整体优质均衡发展。

第一节
高校资源注入的“院校合作”名校集群

⊙

“院校合作”名校集群是由高等院校参与区域教育活动而组成的集群。上城区诚邀杭州师范大学、浙江师范大学、中国美术学院等高等院校，组建院校合作名校集群新模式。这种集群模式由于高校介入深度与合作领域的不同，形成了三种不同实践形态。

一、UGCS 治理：依托杭州师范大学的名校集群

杭州师范大学东城教育集团（以下简称“东城教育集团”）地处上城区九堡街道。集团各校秉持“区校和谐共建，师生共同发展”的办学宗旨，践行杭州师范大学百年办学历史中继承的“人格为先，五育并进”的教育理念，以“幸福校园，优质教育”为共同发展愿景，使学校成为学生成长的乐园和教师发展的沃土。在杭州师范大学、区教育局、九堡街道的关心支持下，近年来集团综合办学实力迅速提升，集团各校成为区域内优质品牌学校。项目

引领、现场介入、合作共赢——杭州师范大学教师教育改革的“东城模式”实践成果获得了国家级优秀教学成果二等奖。

1. 办学初衷

东城教育集团成立于 2009 年 9 月，下辖五个独立法人学校，分别为杭州师范大学东城实验学校（简称“东城实验”）、杭州师范大学东城中学（简称“东中”）、杭州师范大学东城小学（简称“东小”）、杭州师范大学东城第二小学（简称“东城二小”）、杭州师范大学附属丁兰实验学校（简称“丁兰实验”）。

依据杭州市城市规模化发展策略，九堡区域产业园区建设列入重点项目。学校周边楼盘拔地而起，企业人才蜂拥而至，但九堡片区的教育教学质量与发展现状不匹配。由于集团各校地处城乡接合部，学生家庭以农村家庭和外来务工家庭为主，家庭环境相对一般，家长文化水平普遍不高，对孩子的学习缺乏重视，学校的教师队伍整体水平也偏低，家长普遍缺乏自信心。为了满足居民对高质量教育资源的需求，办好九堡片区的学校成了当务之急。

区教育局和杭州师范大学签订了教育合作框架协议，成立了东城教育集团。集团通过多方调研，反复论证，创造性地提出了高校、政府、社区、学校区域教育治理模式，简称 UGCS（高校—University、政府—Government、社区—Community、中小学校—School 的缩写）。集团意图通过高校引领、连片发展、体制创新、社会参与的方式，探索大学推动区域义务教育均衡优质发展的路径，促成区校和谐共建，师生共同发展。

这一模式得到了区教育局、街道、高校、学校四方的认同。UGCS 治理模式在东城教育集团得以实施和推进。从此，九堡教育打开了新的局面，呈现出焕然一新的态势。合作各方在协调配合过程中表现出极大默契，已经形成了良好的教育生态和效应。

2. 路径探索

全国首创的高校、地方政府及教育行政管理部门、社区、中小学校四方联动的 UGCS 治理模式，不仅成为“东城模式”的理念内核、高校与地方合作的典范，而且开了国内基础教育治理的先河。

一是组织先行，创设“四位一体”UGCS 治理模式（见图 5-1-1）。集团创建共享共生的理事会领导团队。理事长由杭州师范大学原校长林正范担任，副理事长由区教育局副局长担任，杭州师范大学相关学院院长、区教师发展研究院院长以及集团内各学校校长共同参加理事会，街道分管教育的领导列席理事会，形成了高校、政府、社区、学校四位一体的理事会决策机制，实现四方办学力量的高度融合。其中，高校主要负责办学理念、教师培养、国际合作等方面的业务指导，政府通过教育局保障基本办学经费和人力支持，街道通过发动社区企业为集团筹措专项教育基金并参与集团师生评价表彰等支持办学，学校则具体落实集团理事会确定的办学理念，实施教育教学工作。

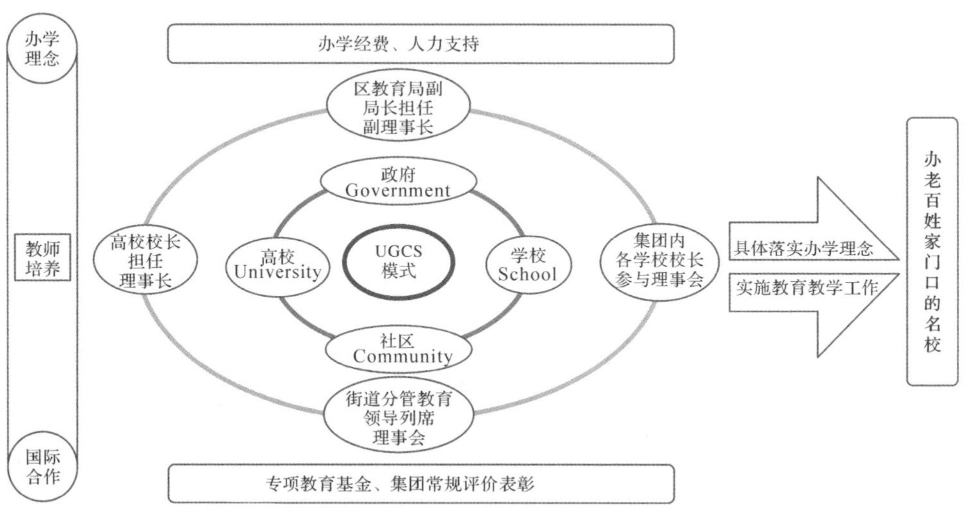

图 5-1-1　东城教育集团“四位一体”UGCS 治理模式

集团实施民主协商的理事会议事制度。每月一次的集团理事会会议和每年 1—2 次的集团理事会扩大会议，十余年来从未间断过。理事会会议主要协商集团发展的重要事项，如讨论集团学校发展中面临的主要问题，确定课程与教学改革的主要项目，讨论推进国际教育交流和合作的具体事项等。理事会扩大会议则主要根据确定的学校改革发展的重点问题，组织学校中层以上骨干进行专题研讨和培训，统一思想，明确方向，提高执行力。

集团是一个发展共同体，主张和而不同的集团成员校发展策略，充分发挥集团内各学校独立办学的积极性，形成良性竞争。《杭州师范大学东城教育集团理事会章程》中明确规定，各校应在教育局行政部门的行政管理和理事会的业务指导下相对独立地开展工作。集团通过制度化的理事会会议和多种载体，实现对各校发展的统一指导；同时，集团通过设立并指导各校不同的重点研究项目，引导各学校发挥自身的优势，彰显办学的个性特色。

二是育人为本，为师生成长创造广阔天地。为贯彻“人格为先、五育并举”的教育理念，努力实现“幸福校园、优质教育”的办学愿景，集团理事会创造性地建构了“三节、两校、一营”发展模式，以此为抓手，有效促进师生的快速成长与发展（见链接 5-1-1）。“三节”指课堂节、社团节、学术节，“两校”指教师发展学校、少年艺术学校，“一营”指东城教育集团夏令营。十余年来，课堂节始终围绕“思维课堂·有效教学”提升教学质量。学术节以“有效作业布置、行为习惯养成、课程整合实现、思维课堂操作”等为主题探讨教育教学的深层问题；社团节的举办以“人人都参与、个个有项目、天天都进步”为理念，每年评选“十佳社团课程”。集团的教师发展学校成为浙江省示范性教师发展学校；少年艺术学校培养了一大批体艺特长生，一年一度的东城教育集团夏令营更是东城学子所期盼的项目。课堂内外的丰富活动、快乐体验成为东城学子幸福校园生活的最好注脚。

链接 5-1-1
花开东城十年芬芳

为加速推进东城教育集团的国际化水平，学校不仅与美国、加拿大等国的多所学校建立姐妹学校关系，而且成为澳大利亚堪培拉大学教育学院教育硕士研究生的首个中国实习基地；一年一度的美国、加拿大、英国等国的“英语暑期学校”，美国中田纳西州立大学附属学校的“文化交流”，受学生追捧的美加“STEAM”课堂，以及多次举办的由美国、加拿大、澳大利亚、英国等国教师和我国教师共同参加的批判性思维与教学变革国际课堂节，都极大地拓宽了师生的国际视野。

三是众行致远，高校专家团队引领教师专业成长。以杭州师范大学为主体的专家团队是东城教育集团发展的重要力量。杭州师范大学多个学院、多个部门的几十名教授、博士全程参与东城教育集团的教师发展学校团队研修项目（见表 5-1-1），与集团教师共同探索课堂教学改革与学生管理改革，共同做教科研课题，指导集团教师开发校本课程等，不断引领集团教师团队快速成长。

表 5-1-1　东城教育集团教师发展学校团队研修项目安排表

序号	项目名称	领衔导师	面向教师层次
1	中层干部发展培训班	杭师大教授项红专	集团中层干部
2	中小学名师培养班	杭师大教授项红专、徐丽华	集团名师
3	8090 班主任	杭师大教授周俊	集团“80 后”“90 后”优秀班主任
4	学科骨干教师培养班	杭师大教授叶立军、蒋永贵、吕映、谢萍、巩子坤、来文等，浙江外国语学院蒋志萍等	集团学科骨干教师
5	“1＋1”教师科研强化培训班	《教学月刊》总编、社长陈永华	集团教科研骨干教师

这种以项目为载体、由高校专家引领中小学教师成长的方式，对集团教师队伍的专业发展产生了十分积极的作用，受到了集团教师们的欢迎。

此外，一年一度的集团“十佳教学”“十佳社团”“十佳课程”，以及与九堡街道联手的“十佳教师”评比表彰，已经成为集团教师心中的荣耀。尤其是集团探索实施的以优秀年级组、优秀备课组为单位的评价与表彰做法，更是激发了教师的集体荣誉感，成为他们共同前行的动力。

独行快，众行远。高校深度介入中小学办学，不仅有效推进了义务教育均衡优质发展，还是促进我国基础教育在区域内更加公平更有质量的一种治理模式探索。

3. 展望思考

十余年来，东城教育集团致力于发展公平而有质量的教育，集团各校形成了自己的教育优势：东城实验的九年一贯制学校思维课堂阶梯式发展的研究获得了浙江省教科研优秀成果一等奖；东中的班主任成长的 FAR 研训模式初具规模；东小的思政金课成为品牌；东城二小的弄潮儿成长课程有了系统体系；丁兰实验的体艺特色课程在区里崭露头角。东城教育集团成功地解决了东城片区孩子入学的问题，充分满足了老百姓对优质教育的需求。不知不觉间，东城教育集团已经成为在国内有一定影响力的品牌。

在国家努力构建政府、学校、家庭、社会等多元共治教育体系，推进协同育人新格局，探索未来教育新模式的当下，在“双减”“双新”政策从落地走向纵深，促进学校管理的系统优化成为基础教育改革的“风向标”之际，东城教育集团又该如何继续提升？东城教育集团做了如下思考。

一是精准发力，找寻增长点。东城教育集团要锚定上城教育打造“优质均衡、人民满意的美好教育引领区”的发展目标，以立德树人为根本任务，传承并创新“五育融合”理念，聚焦学生核心素养发展，面向未来教育及发展场景发挥教育资源辐射引领作用，在深化学科教学改革和内生力建设，着力培育特级教师、“教育家型”名师、“教育家型”卓越校长等方面精准发力，筑牢立足点，找寻增长点。东城教育集团要充分发挥高校专家项目引领，高效实现政府教育资源配置，深度整合社区教育资源，有效激发学校自主办学活力，聚集合力，努力构建“共建共育、共享共融、共创共商”治理新模式。

二是四方协同，破解双困境。经济学家张维迎认为：人类的合作范围越宽广，进步就越快。这是人类在过去的二百年中取得这么大进步的原因，但人类合作也遇到两大困难：人的自私自利本性带来的“囚徒困境”和知识与信息有限带来的“无知困境”。教育改革与学校变革的最大困难与最大契机也是教育利益相关者之间如何更好地合作的问题。东城教育集团 UGCS 模式将以共同的教育愿景打破利益藩篱，促使大学的教育研究者、政府管理者、街道社区工作者、中小学教师走到一起，继续形成“教育共同体”，实现视域融合，破解“囚徒困境”。与此同时，四方通力合作，信息交流畅通，最大化实现资源相乘效应和协同效能，将“线性”资源变成网状“立体”资源，在合作中各方既贡献知识，也吸收知识，突破“无知困境”。东城教育集团UGCS模式将通过不断释放多种资源整合和共享“能量”，在强调竞合关系的未来，致力成为上城教育集团化办学的“新样板”，助力上城教育高品质、高质量均衡发展，实现人民满意的美好教育。

二、文化内生：依托浙江师范大学的名校集群

浙江师范大学附属杭州笕桥实验中学地处城郊接合部，创办于1990年，前身为杭州市机场路中学，2013年8月正式和浙江师范大学合作办学，挂牌“浙江师范大学附属杭州笕桥实验中学”（简称“笕实”）。学校践行“博约”校训，秉承“为每一位学生的可持续发展服务”的办学理念。学校历经十五年探索，打造出在全国有影响力的“内生课堂”，走出一条普通初中高质量育人的实践路径。

1. 办学初衷

笕实曾是一所地处城郊接合部的实力薄弱的初中，2007年，学校处于最低谷，生源大量流失，家长对学校完全丧失信心，学校面临生存危机。直面办学困境，学校决意断臂求生，聚焦课堂主阵地，实施教学变革，推进学校的系统治理工作。

随着城市化的推进，学校周边环境有所改变，但是家长对学校的信心依然不足，学校发展进入新的瓶颈期。一是学校持续六年教学变革需要更强有力的科研和平台支持；二是学校发展呼唤一支更具活力、更有能力和教育情怀的教师队伍；三是区域整体发展对学校发展提出更高的要求，学校急需找到突破点，以增强办学的内生动力。

2013年8月，区政府制订笕桥街道教育振兴计划，整合全省教育资源，挖掘浙江师范大学在基础教育领域的专业优势。学校开启了与浙江师范大学

的战略合作，联合共建浙江师范大学附属杭州笕桥实验中学。经过三年的努力，笕实创造了笕桥区域的院校合作典型经验。

2016 年 10 月，为更好地发挥浙江师范大学在基础教育领域的优势，助力笕桥区域基础教育高位优质、均衡发展，本着合作共赢理念，共建浙江师范大学笕桥教育集团。集团包括浙江师范大学附属杭州笕桥实验中学、杭州市笕桥小学、杭州市笕桥花园小学和浙江师范大学附属杭州笕文实验学校四所独立法人学校。集团成立后，笕桥实验中学积极发挥龙头作用，促进了笕桥区域整体均衡发展，形成了有集团特色，区域整体优质发展的新样态。

2022 年，杭州市上城区教育局与浙江师范大学合作办学开启新的征程，在浙江师范大学笕桥教育集团基础上，共建浙江师范大学杭州上城区合作办学共同体，呈现“3 ＋ 3”新格局，形成三所浙江师范大学附属学校（笕实、笕文实验学校、浙江师范大学附属丁蕙实验小学）和三所共同体学校（杭州市笕桥小学、杭州市笕桥花园小学、杭州市笕成中学）的合作办学共同体。合作办学由此迈向辐射范围更广、服务内容更多、目标愿景更高的发展新阶段。

2. 路径探索

“院校合作”名校集群充分利用院校共同体资源，共同完善组织架构、优化运作机制、明晰双方职责，实现院校合作共赢。浙江师范大学充分利用基础教育资源和专家智库优势，助力笕实立足课堂进行变革，以提升学生“内生力”为核心价值导向，实现具有持久育人效应的“内生课堂”，使之完成华丽蜕变。课堂变革经历了三个阶段。

其一，课堂审视，诊断问题。落其实者思其树，饮其流者怀其源。2013 年，浙江师范大学林新事教授等 10 位专家进驻学校一个月，对 426 节课进行课堂观察，多次组织师生问卷调查，审视课堂中普遍存在的问题：一是教师的教学行为有较强控制性，把学生的学习当作以接受、复制、呈现为主的过程，学生学习水平处于低阶；二是教师教学方式单一，主张分数立意，缺少合作探究和思维碰撞；三是学生的学习主动性差、课堂参与度低，80% 的学生在课堂中感受不到愉悦。

其二，双向转型，学教变革。心向教育，深掘本义。针对课堂中存在的普遍性问题，浙江师范大学智囊团与学校共同研判，提出课堂教学改革必须以“立德树人”为价值原点，以核心素养为价值诉求，以学生的全面发展为价值目标。立足课堂，积极进行双向转型，将灌输式教学转型为扶放有度的导助式教学。

“内生课堂”实施的导助式教学是教师的“教”与学生的“学”的双向转型。学生在教师“导”的基础上，自主确定小组学习任务，选择学习方式，分工合作，对学习成果进行展示和点评。教师恰当介入、延伸与拓展，提升课堂思维含量，促进学生形成高阶思维。“内生课堂”中，学生通过小组合作学习的形式自主学习，教师通过扶放有度的“导助”方式，激发学生的学习动机与创造能力，让学习在课堂上真实发生。

其三，建构模型，提炼范式。让学习可见，思维进阶。“内生课堂”是在生态文化理念引领下，注重学生内在动机的激发和心理需求的满足，从学习本身获得满足感和成就感，并通过内在价值的追求和体认，以及“内生力”的培养，从而达到持久育人效应的课堂样态。“内生课堂”的“五段进阶”式教学流程如图 5-1-2 所示。

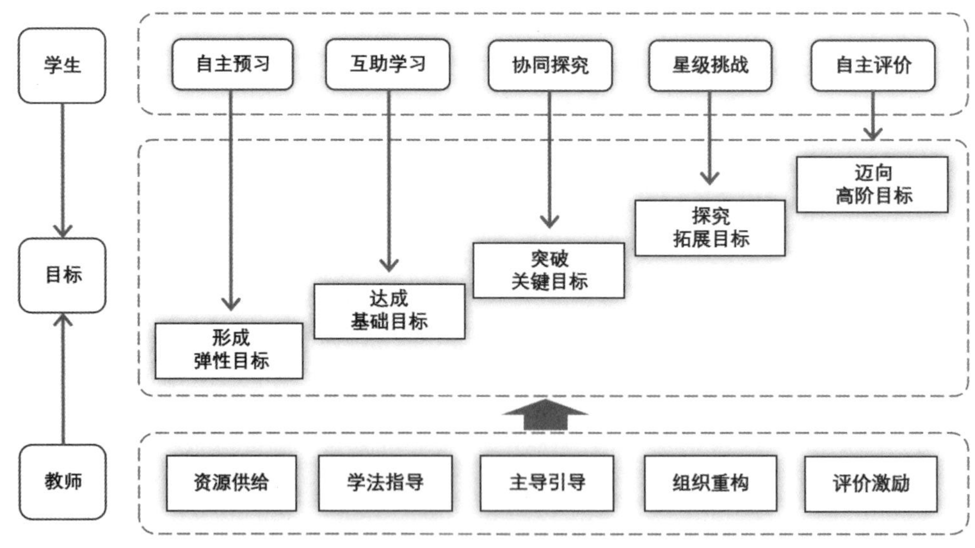

图 5-1-2 “内生课堂”“五段进阶”式教学流程

“内生课堂”的“五段进阶”式教学流程，力求课堂活动自主生成、学习目标梯次上升、思维品质逐级进阶。教学中围绕“学生活动、教师活动和目标达成”三个基本要素，以学习目标达成过程为依据形成操作流程。“五段进阶”是指在课堂实践的五个阶段中，以进阶式目标的达成，促进学生思维进阶和内生力提升。五段划分的显性标志是课堂目标的进阶，隐性标志则是学生思维的进阶和内生力的提升。“五段进阶”式教学流程利用“动机激发、分层导助、自治管理、能力闯关、资源供给”五大策略，实现学习方式变革，促进教学主张的转化。

内生课堂形成了四大教学主张：一是价值取向从育分走向育人。改变过于关注分数的价值取向，追求学生的全面发展和可持续成长。二是学习动力从外力走向内生。改变过分依赖外部力量的现状，用弹性目标、任务自选等方式提高学生的自主性，以兴趣、问题驱动激活学生的内在动机。三是课堂生态从单一走向协同。改变课堂过于由教师主导的状况，建立“信任、民主、共生”的新型师生关系和互动的课堂文化，创建具有内生力的课堂生态。四是教学评价从绝对值走向增长值。从注重考试分数的结果评价走向注重进步、成长、创造的过程性评价和增值性评价。2022 年，教学变革成果“内生课堂：初中育人质量提升路径探索”荣获浙江省基础教育教学成果特等奖。

“内生课堂”也引起了社会的广泛关注。中央电视台、《中国教育报》《人民教育》、中国网、学习强国等数十家媒体关注学校的课堂变革，对内生课堂进行专题报道。中国教育电视台在《育见》栏目为笕实的“内生课堂”做了专访，顾明远为笕实题词“培养内生课堂，实现高质量育人”（见链接 5-1-2）。

链接 5-1-2
笕实内生课堂探索

3. 展望思考

课堂教学变革是一项持久的系统工程，在浙江师范大学的高位引领和助力下，学校也在进一步激活内生动力，继续高质量演绎院校合作优秀典型，探索新时代背景下课堂教学变革的新突破。

为实现高水平建设“优质均衡、人民满意的美好教育引领区”的目标，实现教育共富，展望内生课堂 2.0 版本的衍生研究与推进做如下思考。

（1）面对新课程，全面深耕内生主张。内生课堂 2.0 版本仍然将自主作为课堂的哲学主张，实现新课程方案和新课程标准的无缝对接，以学生为本，从差异教学和核心素养培养的视角进一步优化内生单和内生课堂流程的设计，营造自主学习的良好氛围。

优化内生单设计，探索大单元、大概念、大任务背景下的教学变革，让学生在课堂中自主确定目标，自主开展学习活动。学生在协同探究的环节以问题为导向来分析和解决问题，充分发挥个性和能力，提升学科素养。

课堂上，让师生之间、学生之间的思维碰撞激发学生自主学习的内驱力，使学生乐于参与学习活动，乐于展示和分享学习成果。每个教学环节都以学生为中心，课堂上通过师生之间、生生之间的质疑、协同探究及星级挑战等环节来培养学生的高阶思维，让学生养成自主学习的习惯，成为课堂的真正主人，从被动接受转化为协同探究，不断提升自主学习的能力。

学校通过调查发现，从 2018 年到 2022 年，学生内生力指数（自主学习意识、自主学习习惯、自主学习能力、自我管理能力、合作学习能力）逐年提高（见图 5-1-3），这说明内生课堂中原来的动机激发策略是有效的。学校将继续培

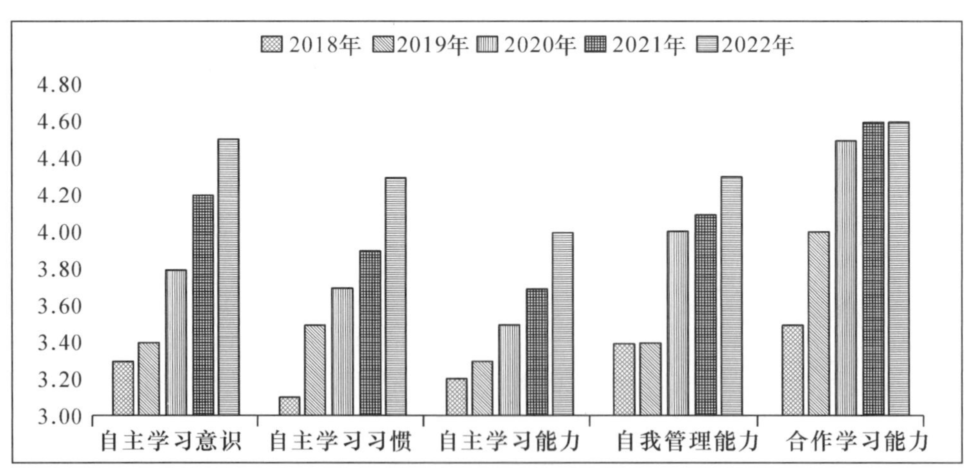

图 5-1-3　学生内生力指数调查统计表

养学生的内生动力，助力学生关键能力和必备品格全面提升，提高学生自主学习的能力。

（2）面对智能化，全面探索未来课堂。网络技术既改变了人类的思维和生活模式，又引起了学校教育的深刻变革。面对各层次的学生，随着“双减”政策的落地，提高课堂精准教学与评价迫在眉睫。内生课堂 2.0 版本将进一步研究技术与教学的深度融合，探索智能化背景下内生课堂新样态。

“内生课堂”2.0 版本将实施基于网络的点赞式评价和学历进阶闯关，以内生指数为评价依据，从基于学习的过程性评价走向基于数据诊断的、精准的、促进学习的增值评价。同时构建教学诊断系统，为学生提供选择性的课程资源、融合性的技术资源和开放性的空间资源。通过数据采集、教学分析诊断和个性化辅导，实现内生智慧课堂，低负高质，促进学生健康成长。

（3）面对高质量，全面践行立德树人。弗洛伊德将人格划分为本我、自我、超我，强调道德的内化生成。学校将联合浙师大田家炳德育指导研究中心，针对学校德育存在外压化、教条化、形式化等问题，积极探索“内生德育”。“内生德育”坚持内生树德、生态润德和课程育德，激发学生自我发展的内部动力与主观能动性，激活推动学生成长的内在动力系统，通过创设“自主、胜任、联结”的外部环境和条件，促进学生内在的意志、情感、潜能、价值观的积极变化，形成实现学生生命持续发展的本质力量，并通过培养学生家国情怀和自我超越的精神，实现内生课堂与内生德育双轨并进，让立德树人有效落地。

三、让美流淌：依托中国美术学院的名校集群

杭州市娃哈哈小学坐落于杭州市劳动路，地理位置得天独厚，以“吴山天风”为屏，以“西湖南线”为廊，南靠孔庙碑林，西倚中国美术学院（简称“中国美院”），揽西湖文化于身际，纳江浙灵气于胸中。学校办学特色鲜明，秉承“博雅尚美，以美育人”的办学理念，将“美育”贯穿教育教学的方方面面，是浙江省首批艺术教育实验学校。学校创办于 1964 年，前身为

杭州市劳动路小学，1992 年 5 月更名为杭州市娃哈哈小学，2017 年 6 月正式和中国美院合作办学，挂牌“中国美术学院附属小学”。国务院原副总理李岚清曾莅临学校指导美育工作。

1. 办学初衷

王国维在《论教育之宗旨》中指出，教育的宗旨就是在培养身体和精神的能力“无不发达且调和”的“完全之人物”，这种教育包含智育、德育、美育、体育和劳育。美育，深深根植于中华教育传统之中，是“五育”中不可欠缺的重要一育。

2020 年，中共中央办公厅和国务院办公厅印发了《关于全面加强和改进新时代学校美育工作的意见》，提出要“弘扬中华美育精神，以美育人、以美化人、以美培元，把美育纳入各级各类学校人才培养全过程”。这让杭州市娃哈哈小学坚持几十年的办学特色有了更为明确的方向，也让学校的办学目标更加明晰，行动更加坚定。

几十年的美育特色之路，让学校明确了美育不是为现行考试制度准备的一门课程，其成效更不能仅盯着考试分数。单纯地增开几节艺术课，搞几场有影响力的艺术活动，让学生掌握一项艺术特长，并不是美育。美育是一种全方位、浸润式、有延伸的教育，是时时处处无所不在的。

然而，学校的发展需要得到更高层次专业院校的支持，需要有更高级别的美育资源加以盘活和运用。无论是学校整体的美学空间建构，还是美学体系课程的设计开发，大到系列学生活动美的启迪和引领，小到家庭生活中美的滋养和浸润，学校都在寻求一种突破、一种提升、一种长期而稳定的合作。

幸运的是，娃哈哈小学有这样得天独厚的教育优势，与学校一墙之隔的邻居正是中国美术界的顶级学府——中国美术学院。

中国美院的前身是国立艺术院。1928 年，时任北京大学和中法大学校长的蔡元培择址杭州西子湖畔，创立了第一所综合性的国立高等艺术学府——国立艺术院，翻开了中国高等美术教育的篇章。中国美院作为国家“双一流”

艺术高校，有着众多名家大师和国家级艺术资源，学院的课程、学院的活动、学院的场地，都是娃哈哈小学的资源所在。

与此同时，中国美院一直在找寻基础教育试验田。中国美院里的学生有很大一部分今后会走入教育领域，基础教育学校是他们首选的实训课堂。中国美院优秀的大师如吴山明、王冬龄、刘江、王澍等也都很想向孩子们传播艺术之美。

2. 路径探索

到 2022 年，中国美院附小挂牌已有五年之久，这五年来，学校依托顶尖高校资源优势，从艺术教育到审美教育再到“五育融合”，从美育课程探索到全方位的课程美育塑造，不断升级美育能效，展现了基于院校合作的“以美育人”教育新生态，如链接 5-1-3 所示。

链接 5–1–3
娃哈哈小学
介绍

一是蓝图共绘，构筑校园美境空间。娃哈哈小学和中国美院空间相依、气质相投，学校借助中国美院强大的师资力量和先进的美学理念，系统设计空间架构和环境布置，让师生们在校园中随处都能感受到美的熏陶。

学校顶楼的博雅剧场由卓旻教授设计。该剧场以环保材料竹子为原料，寓含“宁可食无肉，不可居无竹”的高尚气节，是孩子们表演的殿堂。“三味书屋”教室空间，由中国美院风景建筑设计院打造，是具有“儿童味、艺术味、现代味”的未来空间。地下的博雅艺术中心也由中国美院的专家们共同设计，从一个废旧地下车库升级为集篆刻、书法、美术、器乐等多功能于一体的艺术教育空间。

除了功能教室，学校尽可能把空余场地留出来给大师和孩子们共同去描绘、构建。博雅广场的“艺”字墙，是由大师和孩子们书写的 60 个“艺”字雕刻而成；学校的走廊上、橱窗里，到处都是艺术作品，刘江教授“让艺术润泽童年”、王冬龄教授“快乐成长每一天”等作品每天都陪伴在孩子们身边；“甑·美时空”“闻香空间”等都是中国美院的教授在学校的作品展示空间，俨然一个小型的“校园艺术博物馆”。

学校与中国美院共用一个大门，可以带领孩子们直接进入中国美院，用走走、看看、听听、说说的方式，与教授互动、与文化互动、与美感互动，让孩子们徜徉在艺术的殿堂。

二是课程共建，夯实校园美育基础。课程是学校的生命，一所注重美育的学校，一定有特色的艺术课程。在和中国美院合作的过程中，学校广泛听取中国美院专家的意见建议，吸收成功的教学经验，反复打磨富有娃哈哈小学特色的课程体系，开发了“群艺课程、精艺课程、卓艺课程”三艺一体的课程群（见图 5-1-4）。

娃哈哈小学“三艺”课程，推动美育纵深发展

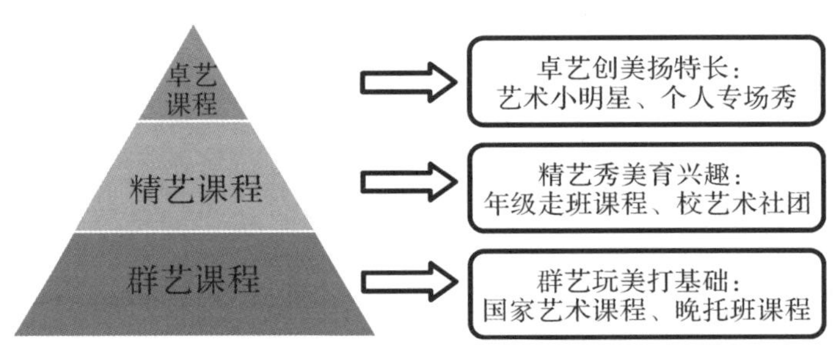

图 5-1-4　娃哈哈小学“三艺”课程结构图

群艺课程建设上，学校面向全体学生开发了 20 多门艺术特色课程，有“会说话的葫芦丝”“儿童版画”“色彩艺术”等，并聘请中国美院的教师给孩子们授课。这些课程采用走班教学的方式，打破了传统封闭式的教学结构。这类课程充分发挥美育的体验性特征，可有效提升学生审美素养。

精艺课程建设上，学校面向有艺术特长的孩子，从更专业、更精致的角度，在中国美院的大力支持下成立了“十大艺术精品社团”，如“小爱乐”民乐团、“巴洛克”室内管弦乐团、“百灵鸟”合唱团、小小毕加索、好玩的篆刻等，这延伸了艺术学习与体验的外延与边界，让孩子们深度感知艺术之美。

卓艺课程建设上，学校为有艺术表现需求和能力的孩子搭建合适的平台，

让他们参与学校的创美过程，在富有人文与艺术气息的校园中彰显个性。如每周的“梦想舞台”，全程由学生自己策划和表演，钢琴、长笛、合唱、舞蹈应有尽有，人人都可以在舞台上展示，在自我与他人的对话中体验美。

三是活动共办，激活儿童审美情趣。美育强调体验和浸润，所以学校也特别重视美育实践活动的开展，积极发挥中国美院的资源优势，共创美育活动，不仅有专家走进学校，还有“大手拉小手”带领孩子走出校门。

学校许多学生家长是中国美院的专任教师，这为院校合作、家校共育提供了便捷充足的资源。学校邀请中国美院的学生家长上主题家长课，如花俊教授搜集了世界不同地区的水，与孩子们共同制作“冰”字，韩璐教授带领中国美院学生和博雅少年绘制百米长卷，迎接杭州亚运（见表 5-1-2）。

表 5-1-2　杭州市娃哈哈小学美育主题家长课程表（节选）

课堂内容	家长介绍
跟着大师写书法	王冬龄 中国美术学院教授，博士生导师
敦煌莫高窟艺术	何鸿 中国美术学院副教授，硕士研究生导师
“崇德尚艺 博学雅行”校训的书写	张爱国 中国美术学院书法系副主任
中国美术学院美术馆参观导学	张素琪 中国美术学院美术馆副研究员，美术史博士
校园的“绳话”	章晴方 中国美术学院手工艺术学院副教授，硕士生导师
陶艺手工	孙学钧 中国美术学院陶艺系教师，博士

学校还策划了“跟随大师走天下”的系列活动，让孩子们跟随大师走出校门，走向社会。如跟随王冬龄大师“大字走天下”，一起在西湖边写“喜”字；跟西泠印社的书法家一起写春联、送春联；与大师们一起拍摄《翰墨传承》书法专题片；等等。

杭州市娃哈哈小学成立 50 周年之时，在中国美院举办了专场艺术展，50 位艺术家和学校的 50 位孩子共同展出了近 600 幅作品，在杭城引起轰动。同样，在中国美院成立 90 周年之时，学校的孩子们也受邀参与美术馆墙面绘制，想象与投射十年后的中国美院和自己，该活动也收到了很好的效果。

3. 展望思考

“十四五”时期，基础教育进入高质量发展的新阶段。随着信息技术的高速发展，新课标新课程方案的相继颁布，教育更加重视人的全面发展，也更加重视资源的综合利用。娃哈哈小学与中国美院的集群建设也将开启新篇章，形成有学校特色的发展新样态。

（1）从围墙走向无界。学校地理位置特殊，地处西湖南岸，背靠孔庙碑林，和中国美院仅一墙之隔。学校不是一个独立运行的系统，而应该和周围的资源运作在一起，共同发挥育人的作用。娃哈哈小学和中国美院原本就是这片土地共同滋养出来的两所学校，在美育领域灵犀相通。未来，可以尝试突破这“一墙之隔”，发展成一个真正的共同体，把学校打造为没有围墙的“无边界校园”。

娃哈哈小学作为一所有着近 60 年校龄的老校，存在校园环境狭小、硬件设施老旧的问题，虽然在许多空间打造上借助中国美院的力量，让校园变得更美、更人文，但仍囿于有限的空间。如果打破围墙，从空间设计和课程活动上，再前进一步，让中国美院和中国美术学院附小真正融为一体，那么合作一定能更加触及本质，这也是“院校合作共同体”的一种新的变革。

（2）从美育走向五育。学校从办学之初就坚持做美育，积累了一套丰富的美育经验。随着教育改革的不断推进，国家越来越强调“五育并举”，强调人健康全面而有个性的发展。这也让学校在不断思索，在美育特色的基础上，建立“大美育”的视域，尝试以美为切入点和融合点，加大五育融通，提升学生的综合素养。

未来，学校将借力中国美院，共同启动博雅课程的 4.0 版本建设，创建“崇德、尚艺、博学、雅行”四大课程群，“公民与道德、艺术与审美、人文与科学、健康与实践”四大核心素养，从办学理念、核心素养、基础性课程、拓展性课程四个层级实施，构建“四级四维”课程体系，为学生全面发展奠定基础。

除了课程建构，学校还计划推进“融美”课堂的实践，迁移美育经验，将美的理念从艺术课堂渗透到其他课堂、活动和生活中，让教师通过“融心、融知、融行”的教学方式，使“大美育”的课堂实践落地并走向深入。

(3) 从课堂走向研训。近年来，中国美院专任教师走进娃哈哈小学办展、上课、做活动的交流越来越多，孩子们时时沉浸在美的滋养和熏陶之中，中国美院教师不仅仅给孩子们带来美的体验，更多的是种下了一颗美的种子，为孩子们未来的发展许下了一种可能。

但这些课堂很难形成体系，也很难和学校整体性的课程构架融为一体，教师很难根据孩子的年龄特征予以针对性的教育。课堂的关键还是教师，授之以鱼不如授之以渔，因此学校将借助中国美院的资源开展师资研训，提高教师的审美能力和科研能力，并作用于学生。

学校计划成立以中国美院教授专家为主体的“智库”，和学校里的教师一起致力于少年儿童审美教育的研究。学校也将定期召开以“美”为主题的交流会议、课程研发、师资研训、课题研究，构建有序、有效的院校合作机制。这可以帮助教师们用“美”的方式来提高课堂教学的技能和课题研究的能力，以研促教、以研促训，培育一种能够持续作用于课堂的美育文化。

杭州师范大学、浙江师范大学、中国美院与上城中小学校的合作取得了卓越成效。如今教育均衡化已经成为学校周边老百姓幸福美好教育的重要标志，成为招商引资引才的金字招牌。上城独具一格的院校合作模式，成功塑造了名校集群品牌，提升了区域教育的品质和美誉度。上述名校集群，已成为牢铸在百姓心中的优质教育代名词，成为名副其实的“家门口的好学校”。同时，院校合作也激活了高等院校的内部管理，通过专家教授指导中小学学校管理、课堂改革、队伍建设等方面，不仅促进了教师专业的成长，而且实现了高等院校与中小学校的双赢。

第二节 优质学校品牌输出的名校集群

⦿

对于老百姓来说，教育均衡就是孩子能上好学校，接受优质的教育。因此，区域优质学校的数量能否满足老百姓的需求，是检验区域是否均衡的一大标准。让优质学校引领普通学校，让薄弱学校与优质学校牵手，优势互补、携手共进，是上城名校集群建设的另一创举。

一、技术赋能：借鉴“建兰大脑”打造惠兴新教育场景的名校集群

杭州市惠兴中学创办于 1904 年，地处湖滨商圈，临西子湖畔，是一所历史悠久、文化底蕴深厚的百年老校。学校一直秉承“勤·敬·恒”的校训，以“育一群惠贤学子，当一名惠立教师，做一份惠适教育”为办学目标，以培养“高素养、宽视野、善交往、敢创新”的惠兴学子为愿景，全面提升每一位学生的素质，为每一位学生的终身发展奠基。2017 年，学校与杭州市建兰中学结成教育发展联盟，从此师资互通、教学同步、管理共建、资源共享，

为学校发展注入了强劲动力。2018 年，学校完成整体改建，“书院特色·江南韵味·中国风范·智慧校园”特色跃然呈现，现代化教育教学硬件设施迭代升级。2021 年，学校成为杭州市公办初中提质强校首批试点学校。

1. 办学初衷

杭州市惠兴中学作为服务于湖滨街道和清波街道的唯一一所公办初中，在长期的发展中传承优秀的学校文化，形成鲜明的办学特色。但是，自从初高中分离办学以来，杭州惠兴中学在发展中出现了生源锐减、师资流失、口碑日衰等问题，远远不能满足区域知名小学的升学期待。同时，作为杭州市民办中学领头雁的杭州市建兰中学，在发展中亦需要扩大自己的优质资源和战略态势，其部分教师也有支教的强烈愿望。在两校困境与需求碰撞交融的背景下，区教育局党委基于推进教育优质均衡发展的战略布局，为积聚名校杭州市建兰中学的优势，推进民办反哺公办，实现杭州惠兴中学整体品质提升，启动“示范带动、校际联动、互助发展”模式，实施民办公办优质资源互补的集群发展。2017 年 1 月 18 日，杭州惠兴中学正式加入“杭州市建兰中学教育集团”，签约“杭州市建兰中学·惠兴中学集群发展联盟”。

2017 年 3 月 17 日下午，两校携手种下“集群联盟之树”。嫩绿的树苗象征着“建兰·惠兴集群联盟”的蓬勃生机，象征着两校师生的美好愿望。“杭州市建兰中学·惠兴中学集群发展联盟”的关键词是“借力”“成长”“生力”，体现在以下三个方面：一是教研同步。两校在校级公开课层面开展共同教研、理论交流、课堂观摩和借力生力活动，提升教研水平。杭州惠兴中学通过引进杭州市建兰中学的校本作业，为学生提供优质学习资源。二是资源互通。杭州市建兰中学与杭州惠兴中学共享拓展性课程资源，如足球拓展课、定向运动、棒球运动等教师和场地资源，为杭州惠兴中学学子的自主选课和自我发展助力。三是活动共建。杭州惠兴中学的教师可以利用杭州市建兰中学培训场地与资源，参与相关会议和讲座，从而提升其教育理念和专业素养。

除此之外，在信息化教育的大背景下，作为联盟学校，杭州惠兴中学借鉴“建兰大脑”，校本化后建立自己的学校大脑，即“惠兴大脑”，如图 5-2-1 所示。

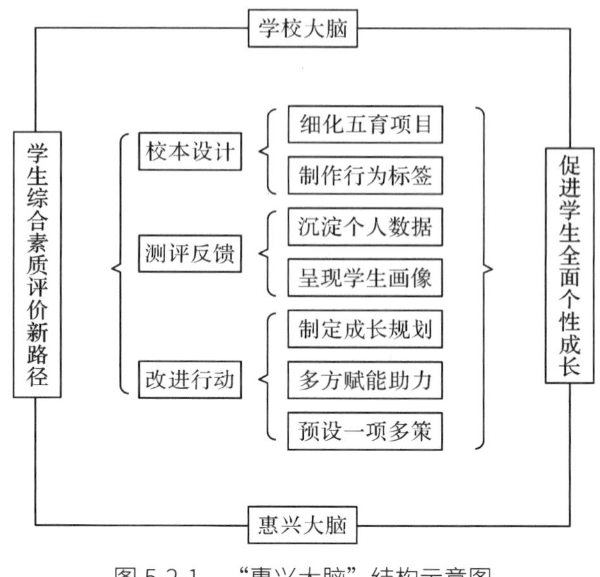

图 5-2-1 “惠兴大脑”结构示意图

2. 路径探索

在杭州市建兰中学的帮助和有关专家团队的支持下，杭州惠兴中学于 2018 年建立起自己的智慧校园系统——“惠兴大脑”。2020 年 11 月，学校参加全国首届中小学“学校大脑”高峰论坛，成为“学校大脑联盟”成员单位。

依托“惠兴大脑”，杭州惠兴中学开展了中学生综合评价改革研究与实践。通过“惠兴大脑”，学生的表现被转换成各种对应指标。“惠兴大脑”以雷达图的形式呈现综合素质画像，反映学生多元化的综合能力。学生日志建立了包含 6 个模块 37 个维度的行为评价指标，每个学生都能将自己学习、生活中的点滴上传平台。学生由传统被动评价转为积极主动参与、展示，这充分调动了学生的积极性，促进了学生的发展进步。

一是校本设计，细化五育维度。根据研究思路，为了探索学生综合素质评价的新路径，学校行政团队、班主任和任课老师代表等与杭州市建兰中学老师及邀请的专家一起，从学校顶层设计出发，践行“五育并举”理念，基于学校实际，制定了五育的总框架，细化各个项目维度（见图 5-2-2）。

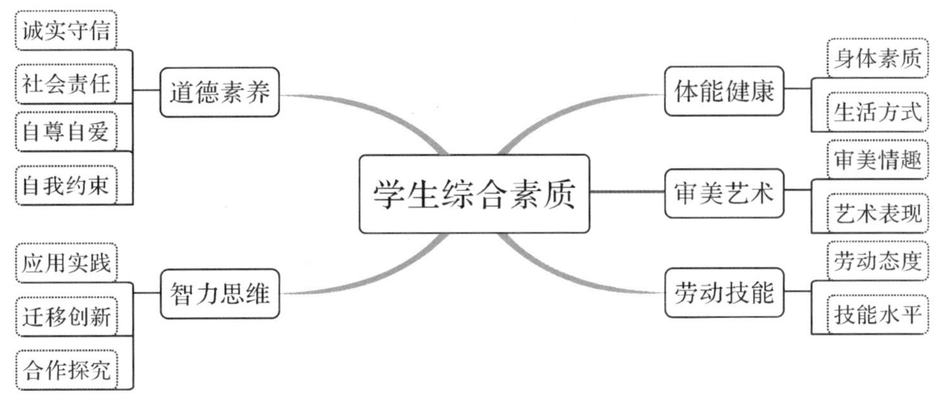

图 5-2-2　惠兴中学的学生综合素养五育总框架图

学生综合素质包含德、智、体、美、劳五个维度。惠兴中学根据本校学生的个性和特点，在每一方面预设了具体行为表现的标签，并提前设置进“惠兴大脑”。所有标签采用“抽屉”框架，以五育为“箱”，以具体行为表现标签为“屉”。学生在完成综合素质活动后，分门别类地把活动收纳到不同的“箱”中。德、智、体、美、劳“五育并举”，全面展示了学生的综合素质，实现了学生个性的全面发展。

二是依托日志，反馈学生画像。惠兴中学建立的“惠兴大脑”测评反馈系统，依托学生日志的记录来沉淀学生数据，反馈学生的画像。学生的个人数据主要通过班主任、各科任课老师、值日班干部的实时记录来进行沉淀，逐步形成班级学生综合素质评价量化记录的常态，为学生画像的形成打好坚实的数据基础。学生综合素质测评主要基于“惠兴大脑”，通过班级日志、教师日志、学生日志等功能区块来记录每个学生的日志内容并赋分。

“惠兴大脑”对班级日志中记录的各维度的具体行为表现大数据进行汇总分析后，便可自动生成近一个月学生的综合素质画像，主要以雷达图的形式呈现学生综合素质的五个维度，更具可视化，更易读懂。同时，这些画像也会在手机的教师端和家长端呈现（见图 5-2-3）。

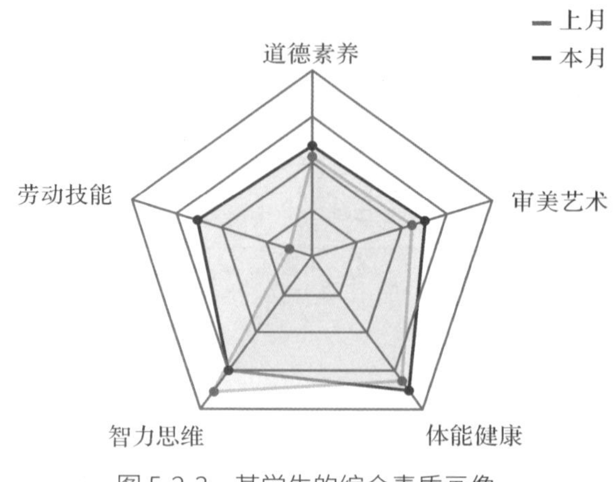

图 5-2-3 某学生的综合素质画像

三是改进行动，促进个性成长。测评反馈让学生了解了自己的薄弱维度。为全面提升学生的综合素质，各方都行动起来，帮助学生改进薄弱维度。从学生自身角度，“惠兴大脑”根据每位学生薄弱项目维度制订个性化的成长规划；从外界干预角度，家校、老师、同学和学生自己共同为学生赋能，促进学生全面个性化成长。

首先，制订成长规划，学校依托学生画像制订学生的综合素质提升方案。成长规划是把“循序渐进”“因材施教”的优秀传统与“以人为本”“科学发展”的教育理念结合起来，这是实现目标的蓝图。成长规划主要有契约式、养成式、阶段式、网格式等四种。

其次，多方赋能助力，学校借助外界力量实现学生的全面个性化成长。所谓赋能就是为某个主体赋予能力或能量。赋能在大数据时代是对学生激励的升级和优化。“惠兴大脑”在进行大数据分析后，发现某位学生的某一个或某几个项目维度欠缺时，会对学生、教师和家长做出提醒，随后，教师、学生、家长、同学多方联动，积极采取改进措施——成长规划，最大限度地发挥学生的才智和潜能。

最后，预设一项多策措施，学校根据“惠兴大脑”反馈数据选择实施策略。每位学生都可能出现“偏科”的情况，即某一项目维度特别薄弱。针对薄弱项目，

“惠兴大脑”提供学生多项改进举措，且学生可以自主选择。

依托学校大脑的学生综合素质评价体系的构建，全面提升了学生的综合素质；改变了教师教育教学的行动方式，使教师对学生的终结性评价更加精准化和个性化；激发了学生对综合素质提升的动力；也获得了广大教师和家长的认可及媒体的关注。

3. 展望思考

“杭州市建兰中学·惠兴中学集群发展联盟”的成立，形成了区域教育发展的优势与特色，建立起“共建共享、共荣共进”的发展愿景，有效缓解了优质教育资源过于集中的弊端，打破了校际壁垒，使区域教育呈现开放合作、共融互通的欣欣向荣的局面。两校实现资源互通、课程共享、教学同步、师资交流、活动共建，尤其是“惠兴大脑”的开发与运用，极大地提升了杭州惠兴中学的教育教学质量以及社会美誉度与影响力，使百年老校焕发出蓬勃的生机与活力。随着集群联盟的不断深入，杭州惠兴中学与杭州市建兰中学也将呈现出更有特色的教育形态。

（1）迭代升级，优化“惠兴大脑”。“惠兴大脑”在使用中虽然具有及时便捷、个性精准、全面可视等优势，但是受制于技术及部分教师的理念习惯等因素，还没有最大限度地发挥其特有的功能。比如“学生画像”界面显示还不够美观和个性化，有待进一步优化更新。同时，在教学方面，“惠兴大脑”开发的功能还不够完善，如利用“惠兴大脑”进行作业批改及数据分析方面还需要进一步改善深化。目前，“惠兴大脑”的使用还局限于班主任对学生的日常反馈和学情管理，其他学科教师尚未进行大量有效的利用。这些都需要“惠兴大脑”的优化及教师们理念的更新、行动的跟进。

（2）借力发力，完善课程体系。杭州惠兴中学要充分利用杭州市建兰中学的课程资源，开发高阶思维课程和研究性课程，巧妙借鉴杭州市建兰中学的课程建设策略，开发诸如乌克兰钢琴大师工作室、杭绣刺绣课等一系列拓展性课程。

(3) 交流融合，提升师资力量。杭州市建兰中学应继续派出优秀教师队伍进驻杭州惠兴中学，杭州惠兴中学的老师到杭州市建兰中学交流学习。两校教师同步教研、同步考评、同步测评，教师之间不断交流、融合，差距不断缩小。杭州惠兴中学的教师在杭州市建兰中学名优教师的引领下，转变观念、改进行为，杭州惠兴中学的师资力量才能得到逐步的提升。

“杭州市建兰中学·惠兴中学集群发展联盟”是教育共同富裕的上城探索的一种模式，必将惠及莘莘学子，千家万户。未来，集群联盟也必将显现出独特的发展态势。

二、联通体验：依托杭州市夏衍幼儿园品牌的名校集群

杭州市夏衍幼儿园（以下简称“夏幼”）创办于 2010 年，位于杭州市上城区彭埠街道莲花桥路，处在城东新城的中心位置，毗邻杭州东站及地铁 1、4、6、19 号线。幼儿园闹中取静，把田野搬上楼顶，把绿瀑种在大厅，“生态、自然、童趣”的园所环境成为孩子们的可持续探究空间。夏幼以夏衍先生的名字命名，基于幼儿的深度体验，传承夏衍先生的“戏剧艺术”文化，原创了符合 3—6 岁幼儿学习与发展要求的“幼儿体验剧”，引导儿童在“自由采风、自主创编、自然表演、自我分享”的“全过程体验”中热爱生活、激扬天性、多元表达、和谐发展。浙江省规划课题“幼儿体验剧”研究成果由上海教育出版社出版。

1. 办学初衷

2006 年，杭州提出“决战东部”战略，城市发展的战略重点移至东部。2013 年杭州火车东站通车，正式开启杭州交通的新时代。城东新城地处杭州“城市东扩”的前沿阵地，身处其中的彭埠人民，经历了从“乡土文明”到“城市文明”的巨变。

城中村改建前，彭埠是依江傍水的“菜篮子基地”。当时，随着学前教

育普及的大力推进，人们普遍认识到学前教育的重要性，满足入园的需求成了这个区域学前教育的工作重点。彼时，彭埠区块共有 30 余所民办园和 10 余个教学点。大量民办园、新建园的存在成为完成这一重点工作的主力军。但随着城市化进程的加快，一幢幢高楼拔地而起，大量新市民涌入，人民对教育质量的需求不断提升，主要矛盾点从“有学上”迅速转变为“上好学”，而民办园与新建园质量参差不齐，亟须改革提质。

区教育局深入调研后发现，面对老市民家长的新要求和新市民家长的高期待，原民办园存在教育理念滞后、教学方法老旧、师资力量较弱、改革活力不显等问题，新建园存在师资队伍年轻化、教学管理经验不足等问题。由于对幼儿能力的不同认知，当时新老市民之间教育理念的分歧也较为严重：老市民家长包办代替的家庭教育观严重阻碍了儿童的自主性发展；新市民家长要求的自主学习、快乐游戏等教育需求停留在前沿理念阶段，缺少具体的落地途径。与此同时，作为彭埠区块第一个也是唯一一个公办园，夏幼深受老百姓认可，是城东学前教育名副其实的金字招牌，是解决幼儿发展与家园困境的本土化样本，且其改革路径可操作可复制，具有很大的推广价值。

为进一步推动区域教育优质均衡发展，区教育局让名校与新校、弱校形成发展联盟，辐射优质品牌。杭州市夏衍幼儿园的创办是区政府做精做强“夏衍名人名居”文化品牌、深入推进“文化强区”建设的一项具体举措。夏幼本就承担着通过教育这个播种机以“文”化人、弘扬和传承夏公精神的重任，作为深受认可的品牌，发挥其在区域内的影响力。由此，一场基于夏幼品牌的共享共建活动轰轰烈烈地展开了。以夏幼品牌为核心，彭埠区块 6 所新建园、民办园先后成为其共同体成员单位，其中 4 所园又成为辐射园（见表 5-2-1）。

表 5-2-1 彭埠区块普优协同共同体成员单位一览表

品牌园	组长	共同体成员单位	辐射园
杭州市夏衍幼儿园	上官晓军	杭州市澎博幼儿园、杭州市澎雅幼儿园、杭州市澎行幼儿园、杭州市澎汇幼儿园、杭州市钱江幼儿园、杭州市江干区六堡幼儿园	杭州市上城区绿城育华澎致幼儿园、杭州华媒唯诗礼幼儿园有限公司、杭州市上城区普福幼儿园、杭州市景辰幼儿园

2. 路径探索

面对集群内成员单位的老旧教育思潮，夏幼决心以点带面，以“幼儿体验剧”为切入点，让集群内成员单位共享体验资源、共享体验路径、共享体验过程、共享体验结果，在直接感知、亲身体验、实际操作中改变“重教法，轻学法”“重结果，轻过程”等传统认识意义上的教育观念和行为，让儿童在生活和游戏中感受学习的乐趣，提升保教质量。

“幼儿体验剧”来源于上城本土名人夏衍，在上城区块有很深的文化土壤。它是将戏剧教育理念应用到 3—6 岁幼儿学习过程中，遵循儿童学习主体原则，重视儿童实践体验后的认同感和获得感，引导儿童在自身生活中开展学习的综合性戏剧活动。它高度契合幼儿好奇、好动、爱模仿、爱游戏的天性，主要由“自由采风——自主创编——自然表演——自我分享”四个环节组成，如图 5-2-4 所示。“幼儿体验剧”让孩子成为学习的主人，创编与表演环节让家长看到孩子的能力，使家长相信儿童，放手让儿童成长。

至 2023 年，基于夏幼品牌成立的“普优协同”名校集群已有十年之久。集群成员单位依托戏剧教育理念，将戏剧教育要素融入环境、教法、学法及幼儿活动，实现了从教师中心到儿童中心的转变，教育质量优质均衡发展，普优协同育人成效显著。

一是打造生活体验场，共享环创经验。“幼儿体验剧”来源于幼儿在环境中的深度体验。夏幼将“生态、自然、童趣”的环境创设理念辐射到周边各园，让环境真正成为属于幼儿的环境和支持幼儿发展的环境，从而丰富幼

图 5-2-4 “幼儿体验剧”结构图

儿在环境中的体验学习。

夏幼引领各园在土地资源紧缺的城市中心大胆突破现有条件限制，打破空间局限进行园所绿色环境改造。改造后的绿化自上而下、由里到外、从东到西，疏密有致、色彩缤纷、曲折有序。合理的“绿”色规划让幼儿园回归自然，让静态环境流动起来，让原本的死角变得生机勃勃。幼儿徜徉其中的探索让幼儿园的每片绿都有课程意义。

夏幼从区域全局的视角出发，以丰富孩子们的多样化体验为初衷，在环境改造中引领各园秉承“各美其美”的原则，基于自身现状开展空间环境的个性化优化。东宁路园区作为老园，基于原有空间进行改造，新增了“木工坊”“体锻坊”“音乐坊”等特色空间；明月桥园区户外绿地不足，借助社区力量向外扩建了开放式小公园；澎汇幼儿园从创办之初就精心设计，新建了上下连通的超大游戏广场，多领域的游戏空间提升了幼儿的体验热情和学习积极性。

夏幼推进周边园所环境资源高度融合共享，基于与周边园所较近的地理位置及个性化的空间条件，打造步行30分钟学业圈，开展“星空间 新体验”线上线下交换空间活动。同年龄段的孩子，每学年将有机会参与1—2周的互换园区活动，体验其他园区的特色资源。

二是借力“幼儿体验剧”，改革教法学法。“幼儿体验剧”是儿童基于自身体验在教师支持下开展故事创编、表演和分享的综合性艺术教育活动，是“戏剧教育”本土化过程中在幼儿园阶段的落地探索。

集群内成员共同聆听台湾著名儿童剧团指导赵靖夏博士、新加坡社科大学陈仁富教授等专家的专题讲座，凝聚戏剧教育共识。学校安排本园骨干教师到各园区点位，指导主题审议过程，将戏剧教育理念渗透到教学中。各园所可自选主题活动，与“幼儿体验剧”融合生成园本化活动，引导幼儿在主题活动中尽情体验，并将所感所得进行转化，以剧的形式呈现。

夏幼以戏剧微游戏辐射为突破口，将戏剧表演游戏化，让幼儿在游戏活动中更好地理解故事情境，内化角色品格，以促进完整发展；同时让集群内的教师充分认知儿童的能力，了解儿童、相信儿童，提升教师戏剧教育理念的理解、应用、指导能力。如在戏剧微游戏“许多鱼儿游来了”中，孩子们自由选择自己要表演的鱼类，并模仿鱼游动、捕食、进食等动作，这促进了幼儿自主性的发展。

夏幼协同各园所聚焦表演区，打造以“星剧坊”为载体的大班参与式学习研究活动。幼儿成为表演区的主人，自主实施“星剧坊”的环境构建、剧场运行管理，自主编创剧本和表演。在这里，孩子们可以自主推举小导演，自由分配角色。当道具不够、剧本需要调整时，孩子们还可以进入相邻的其他区域进行剧本改编和道具自制。

三是聚焦表演与分享，助推幼儿成长。表演是整个幼儿体验剧的核心环节之一，是幼儿用身体和言语，在创设的情境中，以角色的或非角色的身份表达自己的感受和想法的过程。表演后孩子们还会与同伴、教师、家人等一起分享自己在整个过程中获得的收获和体会，进一步巩固体验。

夏幼协同各成员单位每学年在同一时间不同园所开展“戏剧日”“戏剧周”

活动。“戏剧日”面向小班孩子，这一天孩子们会观看“幼儿体验剧”表演，并身穿自己喜欢的角色服装走秀。“戏剧周”面向中、大班，在这一周的时间里孩子们会积极筹备“幼儿体验剧”的展演，并于这一周的最后一天进行表演。以点连片的“戏剧日”“戏剧周”活动营造了浓郁的戏剧教育氛围。

集群内各成员单位还在每学年携手开展“小小采编节”“夏衍电影节”等活动。“小小采编节”中，幼儿园通过秋游、双休亲子游等活动，带孩子们体验采风、故事绘本编画的乐趣。“夏衍电影节”中，孩子们观看幼儿电影，玩皮影，玩手偶，尽情体验戏剧艺术。在这一天，大班的孩子们还会表演和夏衍相关的自创剧目，如剧目《我和夏衍爷爷的故事》讲述了两个孩子穿越到民国，偶遇夏衍爷爷，并目睹了夏衍爷爷创作《野草》、参与抗日的过程，内心受到感染的故事。

集群内优秀剧目会被推荐参与“经典公演”。“经典公演”一般结合节日和园所特色活动开展，如毕业典礼、新年活动、开学活动、六一儿童节等。

3. 展望思考

教育部等印发的《“十四五”学前教育发展提升行动计划》指出，要把实现学前教育普及普惠安全优质发展作为提高普惠性公共服务水平、扎实推进共同富裕的重大任务。基于夏幼品牌成立的“普优协同”名校集群将跟随时代变化，探索更多路径，努力为满足人民群众幼有所育的美好期盼添砖加瓦。

(1) 从生态型走向智慧型。在智慧与智能时代，教育现代化特征的彰显离不开教育信息化的支持与支撑。当前，依托“幼儿体验剧”，集群内各成员单位改造自然环境已初有成效，但各园所中智慧教育的引入开发还较少。

未来，以夏幼牵头的各集群成员单位将聚焦引入各类高新技术，如在种植农场打造“沉浸式学习空间”，引入物联网技术，建成集农场灌溉、农场摄像头直播、农场土壤气候监测、无土水栽培架、堆肥系统等智能于一体的组合设备，让全体儿童在手机端、个人电脑端均可实现对“阳光农场”的全景全天候实时观察和数据监测；并建设“科学种植”“爱心喂养”“低碳环保”

三个主题游戏学习场景，以“星宝贝”学习卡为载体，开发新型游戏化教学模式。

智慧项目将进一步打破地域阻断，加速推进各成员单位资源共享。幼儿的智慧学习将成为“幼儿体验剧”的新剧目，助推幼儿的现代化发展。

(2) 从一体化走向园本化。在集群各成员单位共同参与夏幼“幼儿体验剧”特色品牌建设的过程中，戏剧教育理念有效渗透，这转变了教师的教育观和教学行为。各园所教师专业能力得到提升，为各园所品牌的建立积蓄了力量。

未来，各成员单位将走向“一园一品”集群发展。作为辐射单位，夏幼将更多地辐射品牌创建经验，帮助各成员单位发展自身特色，形成更多品牌。如借力各成员单位三年发展规划的制定与论证，协助其明确下一阶段的发展目标与要点，归纳、发展特色项目，科学合理规划措施路径，打造园本化品牌。

(3) 从集群走向区域链。“十四五”时期，随着集群成员单位的不断增加，依托上城区区域链研训体系，夏幼成为第四区域链的领头单位，进一步发挥普优协同作用。

随着成员单位增多，区域链中公、民混合，厘清出发点和落脚点，明确发展定位是当务之急。未来在区域链研修中，夏幼将求同存异，以各园需求为基础，搭建多元平台，探索联动研训新模式。同时，通过协同交互、资源共享、集智创新，培养和储备一批适应时代发展的、具有研训能力的教师人才。

“杭州市建兰中学·惠兴中学集群发展联盟”“夏衍幼儿园品牌园”是教育共同富裕的上城探索模式，必将惠及莘莘学子、千家万户。依托优质学校品牌输出的集群发展联盟也将如雨后春笋，层出不穷，乘风破浪，行稳致远，成为上城打造优质均衡、人民满意的美好教育引领区征程中最亮丽的风景！

参考文献

[1] 徐晖．新共同体：区域推进基础教育优质均衡发展的江干范式［M］．上海：上海教育出版社，2017.

[2] 孙德芳．林正范：与共和国同龄的教育追梦人［J］．中小学管理，2019(09)：34-36.

［3］高琼 . 内生课堂：让学生自主、自治、自觉地学习［J］. 人民教育，2021（23）：65–67.

［4］高琼 . 内生课堂：破解初中之惑的觅实密码［M］. 长春：吉林大学出版社，2022.

［5］教育部关于印发《教育信息化十年发展规划（2011—2020 年）》的通知［EB/OL］.（2012–03–12）［2019–12–19］.http://www.moe.gov.cn/srcsite/A16/s3342/201203/t20120313_133322.html.

［6］饶美红，陆韵 . 建兰大脑：依托 AI 技术实现学校变革的行动与创新［M］. 杭州：浙江教育出版社 .2020.

［7］张双庆 . 建设“学校大脑”打造“双师”学校［J］. 中小学校长，2020（01）：39–42，45.

［8］杨鸿，朱德全，宋乃庆，等 . 大数据时代学生综合素质评价：方法论、价值与实践导向［J］. 中国电化教育，2018（01）：27–34.

第六章
跨界：基于多元联动的名校集群

“形而上者谓之道，形而下者谓之器。”现代合作的多元结构让跨界形式日趋丰富、成果日趋扩大，相应的生命力和竞争力亦日趋强大。跨而无界，通过跨界实现开放联动，在联动中寻求切入点、共生点，促进教育资源的共生共享。上城教育亦是如此，本章主要围绕跨十二年学段的新尝试、“民校＋新校”的跨体制共生和产教一体化的跨行业合作，展示上城教育在不同维度的跨界探索中博采众长，不断凝聚自身独特优势，实现上城教育优质均衡发展的探索与实践。

第一节
学段衔接的“跨学段校”名校集群

⦿

跨学段，在办学过程中指跨越了学段的界限，从六年制小学向上延伸至九年级甚至高中、职业教育，向下与学前教育对接，从而成为一个一脉相承的教育整体。这种新型集群模式，从最早的九年一贯制，发展成为现在贯通学前教育与义务教育的十二年一贯制，甚至一直延伸至高中、职业教育学段，为特需群体提供十五年一贯制教育，它贯通了学段壁垒，在最短时间内通过带动不同学段的学校快速发展，扩大优质资源的区域辐射面。

一、K9 个体成人的整全教育：杭州市钱江外国语实验学校

杭州市钱江外国语实验学校（简称“钱外”）坐落于杭州钱塘江畔，毗邻城市中央商务区，2017 年 9 月正式开办，为区属公办外国语实验学校。“K9”是中小幼一脉相承的教育体制，源自西方国家对学段约定俗成的一种表达，“K”指 kindergarten，即学前教育阶段，“9”指义务教育段，这个十二年

一贯的教育体系给育人整全性提供了独特空间，为探索从身之健全到心之完善的新型育人模式提供了可能。学校现有留香园和运河畔 2 个幼儿园园区，若水、潮涌和聆澜（暂名）3 个义务教育段校区，这是上城公办教育领域 3—15 周岁育人模式的又一创新。

1. 办学初衷

钱外，承载着江河汇板块市民对高品质教育的需求应运而生。上善若水，厚德载物，2017 年 9 月，钱外若水校区启幕，102 名创校生与 16 位教师牵手迈入崭新的校园；亲近自然，拥抱世界，2019 年 9 月，钱外留香园园区落成，萌宝们松开爸爸妈妈的手，奔向这个散发着芬芳的校园；潮涌天地，奋进当时，2022 年 9 月，钱外潮涌校区与运河畔园区枕着船鸣声，在灼灼目光中，打开了新的钱外视界；于 2023 年 4 月交付的聆澜（暂名）校区，也已整装待发，即将迎来钱外发展的又一焦点。短短 7 年时光，学校秉持“行走天下”的培养愿景，行走在创办优质教育品牌的道路上，行稳致远。

十二年一贯制是跨学段办学的一种新模式，强调以关注个体成长的整体性为中心，在 3—15 岁这一人的身体、心智发展最为重要的时期，用心呵护一个孩子，助其完成从孩童到少年的转变，完成身体与智力的双重拔节。在这里，从学前教育学段到九年义务教育的完成，强调以爱来唤醒个体生命的自觉、以教育促成个体人格的形成，最终回到“人的自由全面发展”这一人类教育的恒久主题。

2. 路径探索

钱外办学 6 年多来，廓清通往个体成人的整全教育路径，即从身体出发，经由体育、美育、德育、智育、劳育的逐步展开，以爱的生长为动力，以个体生命自觉为指向，最终达到个体人格精神的完善。十二年一贯制的教育将原有相对割裂的幼儿园、小学、初中三个学段融为一体，助力学生在这一过程中的整全发展。

一是如水般无限延展的跨学段校园文化。钱外自 2017 年开办以来，根据水多样态的特性，一改学校传统“一训三风”的固定表达法，设计了以“W.A.T.E.R”为首字母的三种水样态表达方式：warm——上善若水、内心温暖，able——多元发展、才能出众，team-spirited——融洽合作、团结互助，elegant——行为得体、举止优雅，responsible——锲而不舍、责任担当……这是现阶段钱外对于“W.A.T.E.R”的诠释。而每一个阶段，校训的内涵都可能因为这一年的收获而在师生心中发生改变，这可以使钱外师生变得更加多元，提升钱外师生的思辨能力。

学前教育学段钱外聚焦“如水般清澈、灵动”的儿童样态养成，小学学段培养“水韵少年”醇厚谦逊的行为品德、源源不断的学习能力、润泽强健的身体素质、澜心雅致的艺术素养、清勤洁净的劳动习惯，激发初中学段“逐浪少年”不惧困难、勇立潮头，善于思辨与创新的精神品质。

基于“水文化”，学校将“胸怀祖国，行走天下”的培养愿景从学前到初中一以贯之，通过学生在校 12 年的文化浸润，让学生追寻生命的整全，树立坚定的文化自信，为“行走天下”厚植家国情怀；培养学生拥有强健的体魄与健康的心理，为“行走天下”打下坚实的身心基础；培养学生具备人文、科学各领域知识技能，为“行走天下”奠定醇厚的文化底蕴；掌握熟练的语言技能，在“行走天下”的过程中善于运用艺术、运动等不同表达方式与世界交流。K9 整全孩子从初次上幼儿园到初中毕业，散发钱外所特有的“水文化”气质。

二是如水般润物无声的整全性衔接课程。在基础课程体系的框架下，学校逐步完善进阶式学段课程体系，着力开发“幼小”“小初”两大过渡阶段的衔接课程，保证钱外孩子各学段间的无缝连接，帮助学生更快适应新学段的学习和生活。学校遵循学生的身心发展规律，让学生享受完整、贯通、个性化的十二年一贯制的高质量学校生活。

学校聚焦关键能力，探索进阶式学段目标培养路径。学校遵循学生身心发展规律，将“行走天下”育人目标解构成四大关键能力和 16 项必备能力，细化分解到各学科、各年段、各领域的课程中去（见图 6-1-1）。四大关键能力包括身心健康、学力发展、创新思维、全球视野。

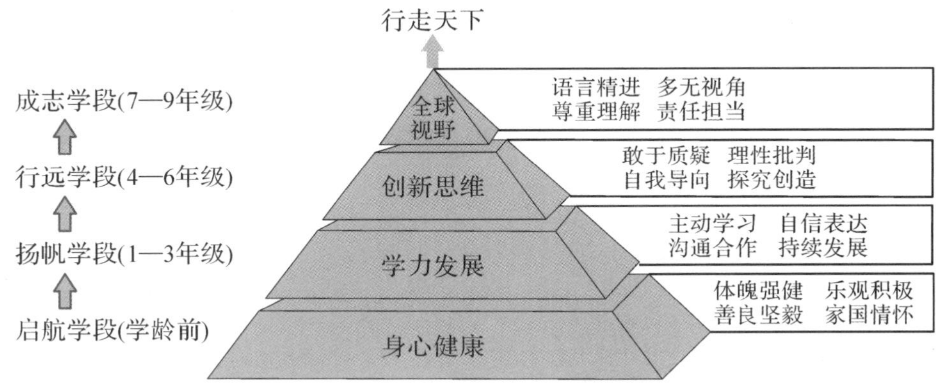

图 6-1-1 学段发展目标结构图

学校开发衔接课程，合理规划各学段课程架构。学校基于“W & M Curriculum”课程体系，希望学生“青出于蓝而胜于蓝”，开发“遇见蓝”幼小衔接课程和“行至青”小初衔接课程（见表 6-1-1）。在一年级新生入学的第一个月，学校围绕“遇见新校园”“遇见新朋友”“遇见新课程”“遇见新自己”四大主题，设计每周一模块的适应性学玩活动，以帮助学生更快地适应校园生活，学会结交新朋友，了解各学科学习常规，尽快达成身心全适应状态。

表 6-1-1 衔接课程框架表

“遇见蓝”幼小衔接课程		“行至青”小初衔接课程	
主题	模块	主题	模块
遇见新校园	生活适应	校园行	环境体验
遇见新朋友	社交适应	交友行	社交体验
遇见新课堂	学习适应	学习行	课堂体验
遇见新自己	身心适应	我能行	成长体验

在六年级，学校围绕“校园行”“交友行”“学习行”“我能行”四大主题，设计模块化的体验式研学活动，以帮助学生更好地体验新环境，认识新朋友，了解新学科，激发学生的跨越意识，更快达成心理准备、人际交往、学习方式、思维方法等方面的全面“升级”。

三是如水般融汇贯通的无边界学习空间。在面对未来学习情景时，该如何重新定位K9校园的物理边界、学习边界？建筑学中提到的无边界空间概念，充分彰显了学校“汇泽与贯通”的水文化理念。学习内容无边界、学习方式无边界、学习资源无边界、学习场域无边界将成为未来国际化学校的发展趋势。

学校将主题廊道在幼儿园、小学、初中横向延展：幼儿园的“亲亲祖国妈妈”、小学的“红色文化主题街区”、初中的“行走百年的红色历史”，将红色理想与信念贯穿学生的12年教育环境中。

学校将门厅提升为“学习客厅”“实践阵地”“文创市集”等多元空间，让师生自然而然与环境对话，与建筑共情。从学前段的“自然客厅，探索未知”到义务教育段的“行走天下，钱外起航”，从学前段的“个性童玩市集”到义务教育段的“学生个人艺术展”……交互大厅在不同学段和不同校区体现了主题情景的一致性。

钱外校园的灰空间是散落在校园各处有一定规模的开放式空间。建筑学意义上的灰空间，指一种完全封闭的，动态而非确定的空间。“无边界”理念为校园的灰空间的空间功能提供了更多可能。学校将面积不同的灰空间进行整体规划，在“校园书城”项目的统一设计基础上，赋予这些空间以不同的个性，如师生个性化工作室、红理会职能工作站、街头艺术空间等。这可以激发师生突破教室、年级的限制，在不同的灰空间中，以同一个兴趣聚集，以同一项工作组合，以同一种活动成团。

小学部有专业的击剑馆，幼儿园的孩子和初中的学生都可以来这里，上专业的击剑课；在设计新校区时，规划了满足各个学段棒球训练需求的棒球场；五个园区只规划了一个大型报告厅，而每个校园都有自己特有的中小型会议场室，如若水校区的多功能报告厅、潮涌校区的“空的空间”黑匣子剧场等，使每一个场域的利用最大化；各个校区的项目化体验馆规划合理，各具特色，当需要哪一个场室开展主题活动时，K9 各个学段的学生均可以跨校区使用。

3. 展望思考

“整全性”教育理念认为，个体发展大致经历四个基本阶段：模糊整体（幼儿期）、感性局部（小学期）、理性局部（中学期）、理性综合（成人期）。在钱外，学生与教师将共同经历这些个体发展的重要阶段。

一是跨越学段的管理需体现宏观性。随着五大校园区的陆续启用，钱外将从建校时 100 余名学生十多位教师，发展为拥有约 200 名教师 2700 多名学生的多校区、大体量、12 年一贯制学校。短时间内的快速扩张，势必需要学校站在更宏观的角度厘清学校管理机制。

在学校实行义务教育学段与学前教育学段独立法人、统一管理的运行模式的基础上，钱外将突破现有管理模式，全面构建与进一步探索“三层六中心”的新型管理模式（见图 6-1-2）：按照干部职级落实行政层级管理；按照空间位置强化校区单元管理；按照工作内容优化项目运行管理。

二是学教方式的变革需体现发展性。幼儿园大班小朋友小云希望和小伙伴一起设计乐高机器人，四年级学生倪想有一个愿望“我想有一个昆虫工作室”……学校受学生的这些愿望启发，确定了工作室的研究方向。幼儿园大班至 9 年级以学生兴趣与生活需求为起点的“学生工作室计划”，将是校园中学教方式变革的最有力的表达。

各个学段的孩子们以自我需求为核心，通过自选、自组、自新，创建学生工作室。学校摒弃传统的行政干预方式，让孩子们与“兴趣相投”的伙伴进行“抱团式”组合，并由“工作室掌门人”聘请学校教师、校外专家、学生家长为客座导师；他们自主运营工作室，开展工作室成员学习状态的自我评价，自我宣传辐射工作室研究成果……

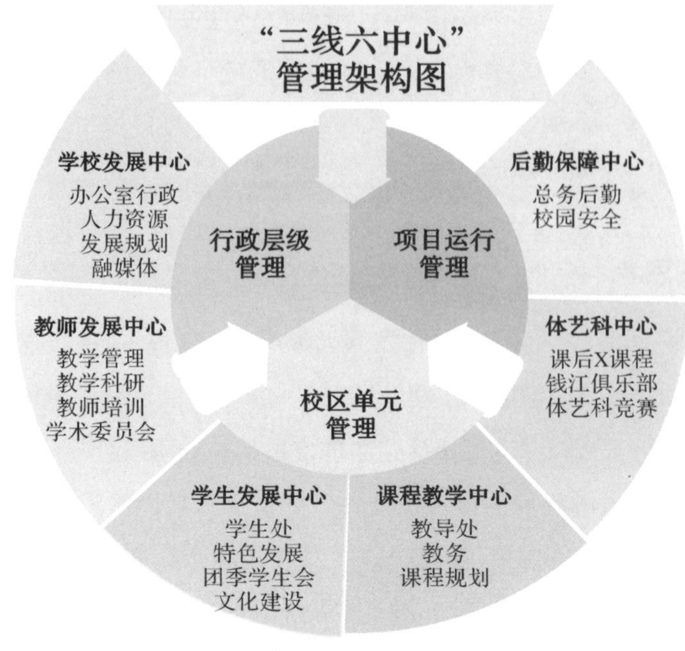

图 6-1-2 “三线六中心”管理构架图

在首个“倪想昆虫工作室”的带动下，2022 年，学校从幼儿园到 6 年级的授牌工作室已达 20 余个，研究领域包括乐高拼搭、宋韵传承、英文配音、茶艺研究、电子编程等。学生的需要，是最强的指引；学生喜欢，是最好的回应。

学生工作室将实现学习主体之间的能动变化，建立“师者为能，学者为生”的新型学习社区，让学教方式在校园内真正发生改变。

工作室因为学制优势可以延续 9 到 10 年，并不断更新与迭代。此举势必会推动学教方式的进一步变革与优化，实现“一个人带动一群人，一群人带动所有人，一学科融通多学科”的良性循环，以此传递榜样力量，落实教育共富政策。

二、尊重生命：指向智障学生生涯发展的学段贯通

杭州市杨绫子学校坐落于美丽的钱塘江畔，拥有无障碍、人性化的现代花园式校园环境。学校建于 1984 年，是中华人民共和国成立以来的首批培智学校。1996 年成立学前班，是中国教育部首批全国特殊教育学校“医教结合”实验基地之一。1999 年将学制向后延伸，首创智障教育职业高中部，实现了智障学生可以接受 15 年教育的梦想。学校始终秉承“尊重生命、以爱育人”的办学理念，以培养“健康、快乐、希望”的杨绫学子为目标，让其愉快学习、开发潜能、融入社会、创造丰富人生，是浙江省培智教育窗口学校。2007 年，原国家教委副主任、教育部原总督学柳斌题写校名。

1. 办学初衷

孔子在《论语·卫灵公》中提出“有教无类”的思想。教育应该无差别对待和一视同仁，人人都应接受教育，残疾儿童也享有平等接受教育的权利。习近平总书记也明确提出：全面建成小康社会，残疾人一个也不能少，要切实保障残疾儿童青少年平等接受教育的权利，做到有教无类，促进他们共享发展成果。

2021 年，《“十四五”特殊教育发展提升行动计划》提出要拓展学段服务，鼓励有条件的地区建立从幼儿园到高中全学段衔接的十五年一贯制特殊教育学校。

杭州市杨绫子学校走在特殊教育发展的前列，早在 2000 年就完成了十五年一贯制的学制改革。学校在几十年的力学中始终将“让每一名残疾儿童青少年都有人生出彩机会”作为办学使命。学校意识到特殊教育的实施不能只是对特殊儿童进行缺陷补偿，更要尊重差异，挖掘学生潜能，通过全方位、系统化的支持，促进学生多元化的适性发展，使其更好地融入社会，实现自我。学校也意识到对特殊儿童的教育不能只关注其生存问题，更要关注学生整体发展，关注学生未来，提升其生活品质。

在促进特殊儿童生涯发展的过程中，杭州市杨绫子学校打造了学校、家庭、社区、社会联结的横向协作生态圈，形成了集学前教育、九年义务教育、职业教育于一体的“教育·康复·就业”系列化的纵向教育模式和集教育康复、训练康复、职业康复和社会康复于一体的横向教育体系。学校办学层次多样化——能为4—20岁不同年龄段的智障人士提供不同层次的适性教育；学校特殊教育功能综合化——能为不同年龄、不同障碍程度的在校学生提供综合服务，这为促进智障学生的健康发展打下坚实的基础，探索了一条颇具特色的智障教育成功之路。

“共富路上，一个都不能少。”杭州市杨绫子学校希望每一名学生都能真正地有尊严地融入社会。

2. 路径探索

杭州市杨绫子学校建立“十五年一贯制”教育体系20年来，深入关心每个智障学生的十五年教育成长，从关注“生活自理”到走向“生涯自立”，打造了培智学校推进智障学生生涯教育的新样态。

一是生涯规划从四岁开始，开辟十五年劳动育人新生态。智障学生的未来出路在哪里？这是学校从智障学生进入幼儿园就开始思考的问题。学校看到了原有教育生态下智障学生无助、依赖的生存状态，更看到了智障学生身上蕴藏着可开发的潜能，期望通过劳动教育来开发智障学生“自立”于社会的本领。

学校统筹考虑学生十五年的生涯发展需求，进行劳动育人课程全过程三段（学前教育—义务教育—高职教育）统筹一体化设计，确定了个人劳动、家庭劳动、学校劳动、社区劳动、职业劳动五大劳动类型课程内容，将五类劳动分梯度、有侧重地贯穿学生生涯发展，如幼儿园和小学低段侧重学生个人劳动的培养，在小学逐步引入家庭、学校和社区劳动，职高则侧重职业劳动的培养。最终形成个人劳动自理、家庭劳动自觉、学校劳动自主、社区劳动自愿、职业劳动自力5个层次的培养目标，循序渐进地将学生培养成为自理能手、家庭帮手、学校标兵、社区助手、职场达人。如图6-1-3所示。

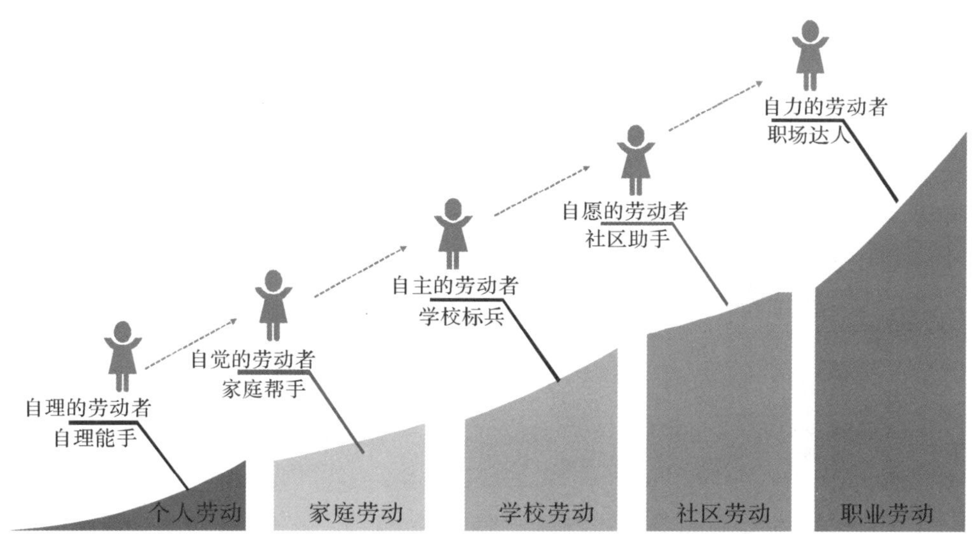

图 6-1-3　智障学生十五年一贯制劳动教育目标

学校重视劳动教育特色课程的打造。传承“耕读传家”精神，构建“培智学校耕读课程”：一是尊重春生、夏长、秋收、冬藏的生命自然规律，设计包含对应季节主题的四季课程；二是构建耕读基地项目课程，与杭州八卦田、龙坞茶村、长乐林场、兰里田园研学基地等建立联系，构建了城市里的田园生活、传承茶文化、打造文明城市等项目。

在劳动的过程中，学校关注与家庭、社区、社会力量的整合，构建以生为本的支持系统。根据不同学段的学生能力和需求，以及劳动课程的难易程度，学校统筹安排劳动内容，实现基于难易梯度差异的分层次目标，如表 6-1-2 所示。同时，学校注重学生真实情境中的问题解决能力，探索以劳动为核心的跨学科主题统整教学、项目式学习、主题活动等，实现基于劳动任务的全学科“五育融合”一体化。

表 6-1-2　智障学生典型劳动任务设计与实施指导（节选）

劳动类型		个人劳动	家庭劳动	学校劳动	社区劳动	职业劳动
实施环节	任务确定	独立就餐	清洗衣物	美化教室	垃圾分类	制作蛋糕
	目标分析（跨学科）	1. 认识餐具、食物 2. 学会用餐，会夹、舀食物 3. 养成节约粮食的习惯 ……	1. 能手眼协调搓洗衣物 2. 按照使用说明操作洗衣机 3. 体会为家人服务的快乐 ……	1. 使用各种清洁工具清洁教室 2. 在集体劳动中学会合作 3. 学会空间规划、色彩搭配 ……	1. 完成垃圾分类 2. 参与垃圾分类宣传 3. 感受助人为乐的喜悦 ……	1. 根据流程制作蛋糕 2. 安全使用烤箱等器具 3. 向他人推销蛋糕 ……
	方法拟定	多感官教学、游戏教学、生态化教学、视频示范教学、结构化教学、行为技能训练……				
	支持设计	根据学生需要提供支持：自然支持、辅具支持、视觉提示、分层走班教学、同伴协助……				
	学习开展	学校、家庭、外出用餐	家庭清洁	教室布置、房间布置	班级、家庭、社区垃圾分类	家庭烘焙、智慧树实践
	成果展示	1. 亲友聚餐 2. 用餐成长手册	1. 请客 2. 劳动运动会	1. 班级环境布置 2. 学校环境评比	1. 垃圾分类大比拼 2. 垃圾分类宣传活动	1. 产品展示 2. 智慧树实习订单

二是生涯行动从融合出发，成立家校社支持联盟。学校要为学生创造条件，帮助其学习、就业、生活。无论是软硬件环境的改造还是教育资源的盘活与运用，学校都需要打开校门办学，在与社会的融合互动中向社会呈现特殊教育的内涵和力量。

为实现这一目标，学校争取家长、政府机构和全社会的支持，与家长、社会建立全面的联系，开展理念宣导、组织建立、支持推进等各项工作。学校定期召开家长培训工作；与省内 100 多家企事业单位携手促进智障学生教育资源的开发与扩充，为智障学生提供就业机会和岗位；在区教育局的大力支持下，与区域内各普通学校建立紧密合作关系，在普特融合互动中推进智障学生的教育融合。

2007 年，学校依托杭州市残联建设杭州市爱心教育体验基地，以“体验艰辛 感受阳光 携手共建 共创和谐”为主题，倡导全市人民理解、关心残疾人，营造扶残助残、有爱无碍的人文环境，时任杭州市委书记王国平出席启动仪式并为杭州市爱心教育体验基地揭牌。体验者在经历新奇、迷茫、感悟、感慨、感动的过程中，可以深切体会到残疾人的艰辛，进而为残疾人提供力所能及的支持。

三是生涯成就从实践起航，建立了智慧树平台。智障学生是有潜能、能取得成果的，他们的自信、热情、创造性需要在实践中不断激发与提升。

2014 年，在上城区教育局和区残联的大力支持下，学校打造了浙江省内首家集技能培养、实践服务、转化输出于一体的平台——“智慧树”。“智慧树”以饮品、糕点、文创等产品的生产与销售为主，截至 2022 年底，已成功运行 8 年，从一家小小的茶吧成长为拥有三家连锁店的咖啡吧（见链接 6-1-1）。

链接 6-1-1
杨绫子智慧树
项目简介

“智慧树”充分拓展其功能。第一，作为教学的直接载体，“智慧树”为学校内的学生提供生态化的学习场景，并持续拓展图书馆、美术馆、快递驿站等学习场景，学生在“智慧树”实现了真实情景下的学习。第二，作为对外开放的非营利性社会组织，“智慧树”接纳智障学生就业，现店内有 10 余位智障学生稳定就业，人均月收入达 4000 元左右。作为向企业展示智障学生劳动素养的窗口，“智慧树”也促成百余位学生成功就业。第三，作为智障学生与社会连接的桥梁，“智慧树”促进了智障学生学习成果的输出，增进了社会对智障学生价值的认同；同时作为志愿者服务平台，接纳了大量国内外志愿者及普通中小学师生开展融合活动，成为展示社会文明的窗口。

依托“智慧树”开展残疾人服务的新样态被全国二十多个地区复制，成为“十四五”重点助残共富项目。2022 年 6 月，中国残联办公厅发文将“智慧树”项目作为心智障碍人士就业支持项目在全国进行推广。

3. 展望思考

《“十四五”特殊教育发展提升行动计划》的颁布，指明了特殊教育高质量发展新阶段的方向。特殊教育将更加重视每一位学生的发展，通过建立多元资源整合, 多方人员合作的全方位培养模式等, 让特殊教育变得更加有温度、有希望。

（1）迈向智障学生的终身教育。学校一直坚持“尊重生命，以爱育人”的办学理念，尊重不同样态的生命，用爱浇灌，让每一个孩子都能够得到适切的教育，为他们融入社会及未来发展奠定基础。

未来学校将重点关注智障学生的终身发展，不断提升智障学生的终身教育思想，紧紧围绕“生涯自立”进一步深化育人实践，滋养特殊学生的各项发展。

学校将构建适应各阶段学生个性化发展需求的课程体系，将学生的学习和发展渗透到生活和活动中，让学生以“体验、参与、行动”的方式，更加真切地将教学落到实处，将学生的融合落地。同时，学校将重点聚焦在推进智障学生就业的工作中，充分借助“智慧树”平台持续开办残疾人就业培训，向省内的残疾人开放，为其提供终身培训，打造终身成长的无障碍、全融入的学习环境。

（2）扩大联盟共生体。学校不是一个独立运行的系统，而是和周围的资源一起运作，共同发挥育人的作用。

未来，学校将集合更多力量，合作共建联盟共生体，为学生的全面发展服务。学校将与更多医院、相关单位、企业等建立合作平台，为不同阶段学生提供支持，如：借鉴优秀幼儿园的实践经验，促进学校学前教育的建设和课程体系的建立；校企合作为职业高中学生提供实习实践的机会，让学生参与到真实的社会场景中，提高学生的实践操作技能和水平，以利于他们更好地融入社会，融入生活；等等。

（3）加大教育与信息技术的融合。信息技术的发展打破了时空的限制，加强了教师与学生、与家长的联系，更好地支持了学生的成长与发展，贯通了学生的全面发展。

近年来，学校借助大数据技术开发了推进智障学生学习与成长的智能监测系统——“杨绫大脑”。“杨绫大脑”不仅记录了学生成长的点滴，更为老师制订适合学生发展的个性化教育计划提供参考，进而促进学生的个性化发展。

未来，学校将持续完善“杨绫大脑”功能，记录学生“十五年”的成长数据，并追踪其发展。自学生进入幼儿园起就会在“杨绫大脑”中为其建立档案，利用“杨绫大脑”加强家校社之间的交流与沟通，对学生进行持续不断地监测和记录。学生成长中的进步、欢笑都将一一留存，成为孩子们成长中珍贵的资料，进而实现学生学习的持续性、有效性和应用性。

基于学段衔接的“跨学段校”名校集群，是区域教育发展过程中别具特色的存在，为成就学生个体成人的“整全性”发展提供了上城教育样板。依托这一集群新样态，盘活并带动了一个区域的优质教育资源，促进了区域教育质量整体提升。

第二节
公民互助的“跨体制校”名校集群

⦿

随着“公参民”脱钩政策的实施，根据教育部等八部门《关于规范公办学校举办或者参与举办民办义务教育学校的通知》要求，公办学校与其他公有主体合作举办的民办义务教育学校，应转为公办学校，“民转公”成为大势。2022 年 7 月，杭州市采荷实验学校转为公办学校。

本节所要讨论的是“跨体制校”名校集群，这类名校集群在上城是少数，不占据主导地位。但是，解剖这类名校集群，对深入分析名校集群仍然十分有意义。在具体实践中，分为“公办民助”和“民办公助”两种类型。

一、让每一位同学都有效学习：“民校＋新校”的采实探索

杭州采实教育集团成立于 2007 年，在名校集团化办学的背景下，为拓展优质教育资源，依托杭州市采荷实验学校，建立公办的杭州市钱江新城实验学校。新学校的创办意味着杭州首个跨体制学校共同体的成立，率先开创了“民校＋新校”的集团化办学模式。在采实母体的引领下，杭州市钱江新城实验

学校教育教学质量一直在杭州市公办初中里居于首位，成为杭城一流公办中学。2018 年，集团拓展办学领域，新领办两所小学，一所是公办的澎致小学，另一所是民办的采荷实验学校小学部，建构了“两公两民一集团”“两中两小一集团”的“221”办学新模式，如链接 6-2-1 所示。

链接 6-2-1
采实廿载芳华

1. 办学初衷

伴随着杭州城市东进、拥江发展的城市建设战略推进，钱江新城璀璨亮相杭城，成为城市新地标，不断汇聚的人口，要求配套高质量的基础教育设施。依托一所区域内的民校，组成教育集团，共享教育资源，实现优质管理，是成功创办一所学校的有效路径。

杭州市采荷实验学校创办于 1999 年，脱胎于省级城镇示范性初中采荷中学，一所区属国有民办初中。2002 年开始独立办学，短短 5 年多时间，采荷实验学校就成为杭州市热点优质民办学校，将民办教育纳入建设文化强省的范畴，高站位凭借杭州全面实施中小学集团化战略，要求采荷实验学校按照“民校＋新校”办学模式，贯彻“民校做强、新校做精”的方针，以新校启动为契机，积极挖掘学校发展的新增长点，朝着集团化方向发展，成立采实教育集团。

采实教育集团民校办新校，民校反哺公办学校，是集团化办学的一种全新探索。集团成立以来，秉承“让每一位同学都有效学习”的教育理念，坚持“个性发展、共创品牌、特色建设、共享优势”的办学指导思想，精心办学，静心教书，潜心育人，取得了喜人的成绩，满足了杭城百姓对优质美好教育的追求，得到了学生家长和社会各界的肯定和赞誉。采实教育集团探索学校多样化和优质化发展，集聚、扩大了优质教育资源，缓解了公办学校的择校压力，也为解决“上好学”拓宽了渠道，走出了采实新路径。

2022 年，教育部等八部门发布《关于规范公办学校举办或者参与举办民办义务教育学校的通知》，义务教育阶段民办学校退出历史舞台已是历史必然，杭州市采荷实验学校顺应时代潮流，率先开启民转公相关工作。民办采实实验学校转制为公办学校，20 年的改革探索，开创了“民校十新校”的采实探索；20 年的砥砺前行，打造了“名校十新校”的采实名片。20 年来，采实教育集团在创新办学体制、扩大优质教育资源、满足人民群众日益增长的多层次的教育需求、缓解广大群众“上学难”的矛盾等方面，做出了很大贡献。

2. 路径探索

（1）“理念引领”辐射校区：传承文化基因。

走进杭州采实教育集团的每个校区，在校园最显眼的地方都能看到“让每一位同学都有效学习”11 个大字，这 11 个大字是学校办学的根本理念，也是采实文化的魂。“让每一位同学都有效学习”的理念，有三层含义：面向全体、全面发展、有效学习。可以用三个比喻来解读：第一个是捧葡萄，做教育就像是捧一大串葡萄，只有从底部捧起，才能收获更多的果实，只有从底部托起，才能让每个学生都得到提升。第二个是西瓜瓤，又大又圆的西瓜，里面的瓜瓤一定又多又甜，人的大脑也是如此。德智体美劳全面培养，让左右半脑均衡发展，才能实现学生智力的提升。第三个是搭梯子，教师要学会“搭梯子”。针对优秀学生，辅助他们学会自主“爬梯”，学会知识的自主建构，提升学习能力；对于基础薄弱的学生，要搬个凳子、搭个梯子，让学生踩一脚，帮助这些学生完成规定的学习任务。其实，这也是“因材施教”理念的实践。如图 6-2-1 所示。

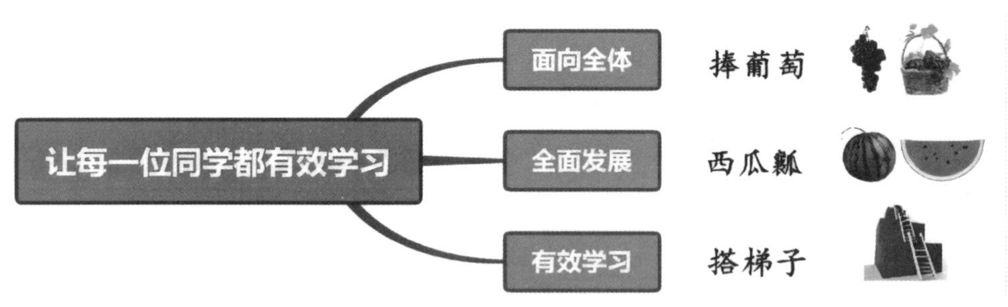

图 6-2-1　有效学习理念示意图

每位采实人都将学校的核心文化根植于内心深处。采实教育集团成立后，这一理念移植到新城实验学校，移植到集团旗下澎致小学和采实小学部，在其引领下，采实教育集团旗下每个校区都传承了采实的文化基因，形成了教育教学管理的新模式，成为杭城百姓向往的名校。

（2）“干部流动”组织管理模式：促进干部快速成长。

杭州采实教育集团成立后，从集团母体采荷实验学校向新校输出干部，母体和新校干部队伍需求也不断增大。集团从岗位实际需要出发，采取竞争上岗办法，选拔了一批年轻的骨干教师承担管理任务，十多年来，有近 20 位优秀教师走上领导岗位。为了让这些年轻干部快速成长，独当一面，集团采用“立体交叉”的管理模式，如图 6-2-2 所示。

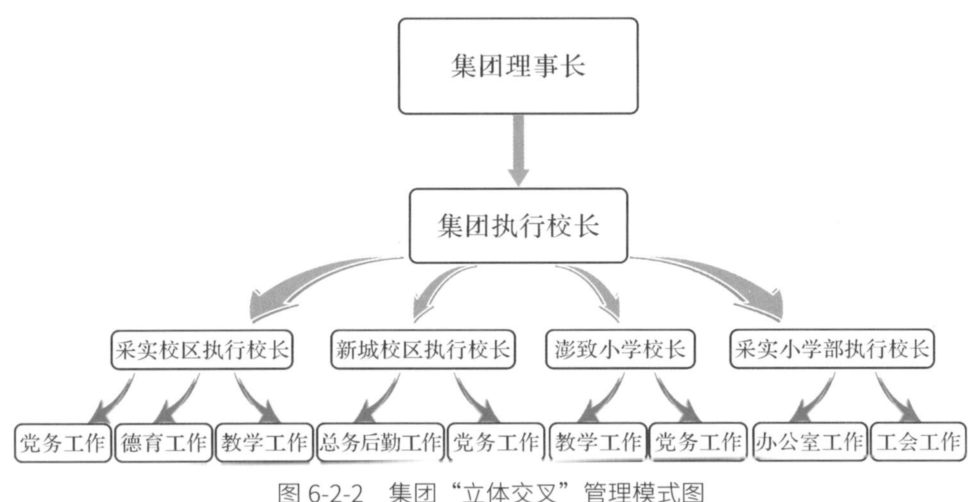

图 6-2-2　集团“立体交叉”管理模式图

集团组织架构创新管理模式，建立理事会领导下的执行校长负责制，集团理事会下设集团执行校长，集团校区分设校区执行校长。设立校区执行校长负责制度，即校区执行校长负责本校区，同时兼管集团职能部门的分管工作，以名校管理带动新校，使之得以快速步入正轨。二十年来，采实为区域教育输送了近 20 位优秀管理人才，也将“采实模式”管理扩大到全区范围。

（3）“学程导进”课题引领：带动校区共同发展。

在集团理事长的引领下，学校二十多年来一直致力于探索“轻负高质”路径，探索“基于学生立场的初中教学方式变革”这个课题，教学成果获得了教育部基础教育课程改革教学成果二等奖、浙江省教育教学成果评比一等奖。

“学程导进”强调以学生的学习为出发点，根据学生学习的程度，设计学习程序，通过教学方式改革，引导学生主动学习、有效学习，从而进入更高效的学习状态。“学程”指学生的学习设计及程序，这是教学方式变革的出发点；“导”是指学习设计的运用，课堂教学的具体方式、手段，其核心是从“灌输”到“引导”；“进”指的是学习的动态进程，即进入更高效的学习状态——有效学习、自主学习的状态，这是教学方式变革的目标、指向。“学程导进”站在学生的立场上，依据学生学习的要求和现状，变“教程”为“学程”，改“教学”为“导学”，化“被动”为“自主”，从“一刀切”到“个性化”组织教师“教”与学生“学”。在“学程导进”课题引领下，学校基于中国学生核心素养提出“两部两院一空间”221 整体育人工程；探索新劳动教育新路径，开设“荷唐慧探”多学科融合项目化学习课程；致力于科技赋能创建 5G VR 元宇宙课程，推动公、民同步发展。

（4）“五个统一”教学管理模式：推动质量高位提升。

221 办学模式形成后，集团盘子变大，人员增多，集团探索了“五个统一”教学管理模式。两校区坚持统一备课、统一教学进度、统一教学内容、统一作业布置、统一反馈形式等教学“五个统一”，如图 6-2-3 所示。

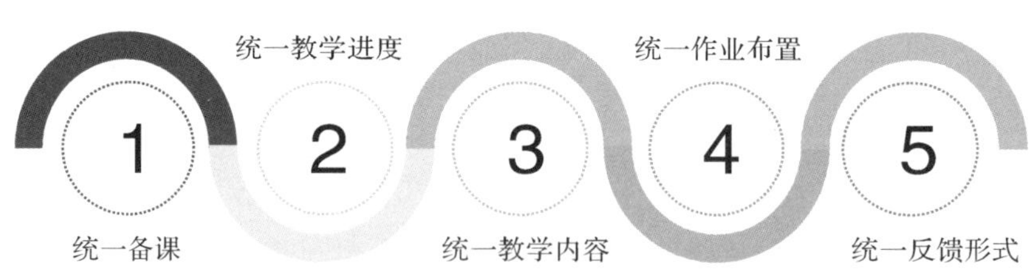

图 6-2-3 “五个统一”教学管理模式图

“五个统一”教学管理模式从教师层面和管理层面双管齐下。教师层面，督促教师设计与实施集体备课、课堂教学、作业批改、辅导落实、相互听课、课后反思、分层作业等教学环节；领导层面，相关教学主管部门指导和督促两个校区及时检查、调控，保证各个教学环节落实到位。

（5）221 育人工程：全方位提升学生综合素养。

在中国学生核心素养的框架下，学校提出“两部两院一空间”221 整体育人工程，“两部”即“国家级青少年体育俱乐部”和“双语融合悦习部”，“两院”是指“青少年研习院”和“青少年科创院”，“一空间”指“学生综合素养拓展空间”。“国家级青少年体育俱乐部”和“双语融合悦习部”培养了具有国际视野的新型人才，“青少年研习院”和“青少年科创院”孕育了具有创新精神的科技人才，“学生综合素养拓展空间”为全面提升学生综合素质打下坚实基础，采实学子在全国省市比赛中频频获奖。如图 6-2-4 所示。

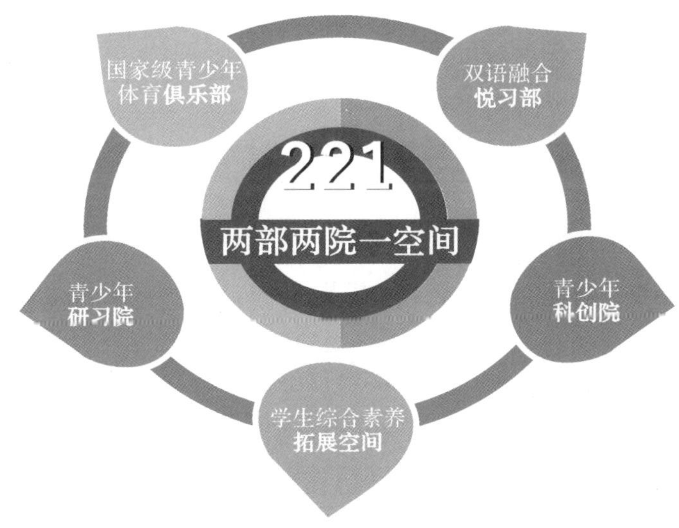

图 6-2-4　221 育人工程示意图

新城实验学校积极传承并移植采荷实验学校的221育人工程，实施“全员德育”理念，将采实的校园文化、校风、学风传输到新城实验学校，点燃学生生命活力，激发学生学习内驱力，促进学生全面发展，培养学生综合素养。

3. 展望思考

杭州采实教育集团，自1999年创办采荷实验学校以来，24年征程中，历经2次裂变、2次聚合，紧跟时代发展，走向教育共富。在集团化办学过程中，无论公办还是民办学校都成为杭州市最优质的学校之一，成为老百姓家门口的好学校。如今为实现教育共富，集团又承担重任，吸纳杭州市澎诚中学、杭州市澎扬中学两所学校加盟集团，组建新的教育集团，将优质教育进一步辐射到彭埠区块。智能创未来、“双新”新时代，采实也将开启集群化办学的新篇章，为上城美好教育贡献采实力量。

（1）集团党委、集团理事会领导下的新型集团。

采实教育集团基于采荷实验学校母体，新增杭州市澎诚中学、杭州市澎扬中学两所新学校，组建新型教育集团。在新型集团中，探索公办学校集群化办学新模式。成立集团党委，重组集团理事会，在理事长领导下创新集团理事会视域下的新型校长负责制。加强校区之间的沟通与互动、互助和互补的协调工作，三校区携手共进、比翼齐飞、共同进步，提升发展质量。

（2）集团理事会引领的新型221育人工程。

在集团理事会引领下，成立集团德育领导小组，深入探索221育人工程，指导三校区积极探索在综合素养本位下，促进学生在真实情境中提出问题、认识问题、分析问题、解决问题的高阶思维能力。基于“融合、智能、选择、创生”的新课程理念，着力打造“未来学习中心”，建设融合开放的学习空间、绿色智能泛互联的智慧校园、个性连接跨学科的课程体系、主动深度重生成的学习生态、共建共享促共生的校会协同，尽显科技创新及人文底蕴。为学生创造多样选择，让每个人都有可能选择适合自己的学习方式，成为更好的自己。

（3）集团理事会指导下的“基于素养本位”的课程改革。

集团理事会成立课程改革智库，指导三校区探索新课标背景下的课程改革，三校区在学习“新课标”的基础上，践行“素养本位下促进学生高阶思维发展和培养的有效学习”，依托“双减”政策，继续深入开展“学程导进”课题研究，改革最终发生在课堂，改变教师“教”与学生“学”的方式，探索实践“三导五环”新课堂教学，通过“三导五环”高效课堂教学的研究拓展学习空间，切实减轻学生的学习负担，使全体学生的综合素质得到提高，不断探索“新优质教学”新路径，提升学生“想学、会学、坚持学”的学习力，提升教育教学质量。

二、品牌润泽·文化培植·多元发展

杭州市东城幼儿园始建于 2010 年 9 月，是教育局办公办幼儿园，截至 2023 年 3 月，有阳光园区、快乐园区和健美园区三个公办园区，业务托管民办东城幸福幼儿园，总办园规模为 46 个班级。幼儿园注重“文化立园”，以城市东部初升的朝阳寓意学前教育，以此提取并不断培植“悦纳、温暖、活力”的“阳光”文化核心价值观。倡导教育以儿童为本，以尊重、悦纳每一个儿童的个体差异和独特价值为前提，并让每一份尊重、每一份悦纳以爱的温度对话、传递、流淌，让每一个儿童沐浴自信的阳光，收获积极向上的力量。“十四五”期间着力全方位、高质量打造“悦心育人”特色品牌，高位引领区域保教质量的全面提升。

1. 办学初衷

在城市迅速东扩的进程中，九堡成为流动人口和新杭州人创业的新热土。2011 年末，九堡街道总人口 36401 人，其中城镇常住人口 2.94 万人，城镇化率 80.8%，另有流动人口 12.08 万人，随之面临的是适龄幼儿入园难问题。当时九堡区块共有幼儿园 23 家，除东城幼儿园为区教育局配套公办园外，其余22家均为民办幼儿园，教育资源无法满足百姓的需求。

2010年，中共中央、国务院颁布的《国家中长期教育改革和发展规划纲要（2010—2020年）》设立“学前教育”专章，提出要“基本普及学前教育”。同年，国务院常务会议专题讨论发展学前教育，出台的《国务院关于当前发展学前教育的若干意见》（简称“国十条”）强调“把发展学前教育摆在更加重要的位置”，提出坚持公益普惠，以努力构建覆盖城乡、布局合理的学前教育公共服务体系的基本方向，推动了学前教育的跨越式发展。

紧随国家政策的颁布，幼儿园在办园中相继遇到新问题：如何办好老百姓家门口的优质学前教育？如何优质、加速发展，登上教育的高地？由谁来办？区政府各部门高度重视，着力推进九堡的教育发展，引进多形式的办园模式。2013年，区教育局首次推出“公＋民”新教育共同体模式，由东城幼儿园携手九堡街道民办园东城幸福幼儿园，以点带面，联动发展。

东城幼儿园是高起点的公办名园，幼儿园注重文化立园、科研兴园、品质强园，以“悦纳、温暖、活力”的“阳光”文化核心价值观为引领，立足每一个儿童身心健康成长，扎根研究幼儿社会情绪能力的发展，开发出“悦心”精品课程，从儿童积极自我培养的角度诠释“悦心育人”的核心价值，提出“悦己达人”的育人目标，开展多载体、多路径联动的课程实践，全面提升教育品质。

幸福幼儿园依托东城幼儿园的品牌效应，在文化建设、品牌特色、师资培养、保教业务等方面，实现了文化共融、理念共享、课程共研、成长共赢等优势发展，幸福幼儿园以“情智共融，和美成长”为园区特色，结合自身地域特点积极探索乡土材料在创意美术中的有效利用。公民联动的模式实现了和而不同、美美与共的发展态势，让九堡的幼儿在家门口享受到普惠、优质的学前教育。

2. 路径探索

在学前教育的办学中，公办园在文化建设、制度建设、教师培养等方面往往更为规范，有成系列的思考与推进。民办园作为区域学前教育的有力补充，也承载着大量教育责任。家长日益增长的对幼儿园的高要求，给民办园带来了前所未有的压力。为实现教育均衡，区域将公办园的文化、管理、师资等第一时间注入新建民办园，高起点、规范办园，给民办园带来了新的生机和活力。这个公民融合的过程就要求文化不断地践行和落地，东城幼儿园的做法如下。

一是文化培植，培养团队精神。有仪式感的活动、典礼都是东城幼儿园传递“阳光”文化核心价值观和理念愿景的重要载体。十年来，东城幼儿园每一年都精心组织一场教师文化专题活动，十年十个专题，关键词有身边的感动、倾听、爱润无痕、温暖、悦纳、活力、使命等，教师们精心策划，自编自导，在极具仪式感的活动中演绎平凡工作的精彩，见证课程匠心的成长、感悟和收获，让“悦心育人”的文化内涵在不断言说的过程中吐故纳新，具有向内生长的活力。“阳光演播室”“最美好搭档”“誓言见证时”“爱的入园礼”“神秘关怀日”等一个个微光时刻采撷的都是教师自己的育人故事，他们以精神滋养的方式丰富教师的生活，激励教师更多地担当使命，践行理念，“教师文化培植”让每个园所都拥有内在生命力和独特辨识度。十年来，教师们始终坚定自身的团队归属感、价值创新和使命担当。

二是活动赋能，建立积极关系。组织策划好教师的节日活动、春秋游活动，在户外团建中凝聚团队精神、增进园际教师的交流。每年的年会活动是大家分享经验、其乐融融畅谈工作经验的好时机，不管是公办还是民办园的管理者或是教师都会毫无保留地复盘自己一学期的得失，大家在交流、倾听、互鉴中直面问题，共促成长。书记党课、专家讲座、每月教职工大会都面向全体教职工，有时开展心理团辅讲座，有时进行问题反馈，有时开展读书分享会，园长专门留出“你我有约”的谈心时间，利用中午或下班前的时间听听教师们的心声，从而增进对每一位教师的了解，减少疏离感。例如每月教职工大会上，园长会分享看到的好绘本，和教师分享读书的感悟，结合近阶段工作中出现的一些问题，从共情到文化的核心价值，既理解教职工的行为，又以目标价值引领的方式提出改进意见，从而形成管理层与教职工、教职工与教职工之间对话、分享、交流的同伴互动文化，促进公办园和民办园团队间的人际信任，从而使团队氛围和谐。

三是研修助力，支持合作对话。专业合作是幼儿园内涵式发展的重要保障。东城幼儿园倡导“在快乐合作中共成长”的研修文化，围绕打造“温暖、活力、智慧”的阳光教师团队这一目标，通过构建多形式的园本学习共同体、多路径的成长展示平台、多项目的发展奖励机制，为教师的专业成长赋能添力。立足于多园区和不同体制园的管理，构建多形式的园本学习共同体，推出以“项目首席”领衔的项目研修组，研修内容均来自教师日常的困惑或者幼儿园的重点研修项目，教师自主申报项目组，平时由项目首席召集组员负责日常研修，以科研思维带动日常研修，全面促进教师按需研修，提高专业能力水平（见表 6-2-1）。另外，以邱红燕特级教师工作室为引领搭建多通道的平台，全域辐射教师的专业成长。

表 6-2-1　杭州市东城幼儿园 2022 学年项目及成员名单

科研师训系列					
序号	项目名称	项目首席	核心成员	一般成员	总人数
1	社会情绪学习微项目研究	顾菲菲	郑瑶玮、陈静、王轶、张阳	洪燕、龙召弟、陈红霞、彭慧、沈杨	10
2	剧场游戏促进幼儿园社会情绪学习的实践	奚　琳	宋惠平、蔡蕾、施琴、汤琳	陈帅、陈静、沈俏依、叶婷、吴燕燕	10
3	角色游戏促进幼儿社会情绪学习的实践	邵秀存	陈淑泱、李薇、余晶、杨扬	汪洁倩、陈金凤、方崧崧、盛珠红、谭培玲	10
4	心情互动场的推进与实践	王丽萌	童露佳、胡晓琴、胡筠筠、王丹燕	金蕾、吴金红、李佳琳、廖美智、邹凯睿	10
5	“悦心”领域集体学习活动设计与实践	吴　洁		孙乙淇、项欣、沈锴妍、罗丹、曾婉贞、金晓赟、徐远、金佳丽	9
6	支持幼儿社会情绪学习的环境创设	焦　杨	余静静、王丹雯、颜敏洁、刘靖雯	王青、魏思、方燕、谢小华、唐娟	10

续表

科研师训系列					
序号	项目名称	项目首席	核心成员	一般成员	总人数
7	新时代背景下促进幼儿全人发展的家园共育新模式研究——以“你好宝贝”为例	王　芬	张淑津、刘丹丽、夏火菊、李双	王艳红、王平、方红燕、诸葛肖文	9

3. 展望思考

教育是民生之基，学前教育是教育之基。十年来，九堡区块学前教育从“幼有所育”到“幼有善育”“幼有优育”，实现了初步转型。随着教育部《幼儿园保育教育质量评估指南》的颁布，学前教育正在从有质量的发展向高质量的发展转型，东城幼儿园将继续发挥“公民联动”名校集群的优势，助推区域学前教育质量在“十四五”期间实现跨越式发展。

（1）文化强基，公民互助提升办园品质。文化的内涵式发展一定表现为办园品质的提升，比如教师间互相尊重的人际氛围、基于儿童视角的项目活动创新、师幼之间积极心理氛围的营造、教师表现出更多的专业发展需求、热衷于参与幼儿园发展的建设与规划、有使命担当等，这就要求幼儿园在文化践行和落地的过程中，必须以“精神培植”的方式不断探究创新自己的发展策略。比如，在 2022 年的文化活动中，东城幼儿园策划的活动主题“所遇美好皆悦心”围绕悦心育人的核心理念，以“悦心之思：教育何为”“悦心之行：听见童心”“悦心之智：一起成长”三个板块回应教育美好之本色精神，将悦心融入所思、所行和所悟中，让悦心育人呈现立体、综合的审美，让教师们在见证每一个生命成长的美好的同时感悟教育生命之美好。

（2）师资培养，公民互助快速发展。以教师直接输出为主要扶植方式。一个园所的核心竞争力就是一支优秀的教师队伍，在教研共享的基础上，师资实现双向流动：一方面，每年选派优秀的公办园教师到民办园，并在一线岗位带班，起到示范辐射的引领作用；另一方面，鼓励民办园的教师经考核合格后到公办园任教，任教期满经考核后由自己决定留在公办园还是仍旧回到民办园工作。教师的互动交流将盘活其工作的积极性，唤醒其专业成长的内驱力。

（3）突破界限，实现区域教育共富。东城幼儿园作为公办名园，经十余年的积淀和锤炼，孕育了优质的师资队伍，架构了适宜幼儿的园本特色课程，在公民联动的发展模式中，东城幼儿园直接输出管理力量引领幸福幼儿园打造优质均衡的师资队伍，输出“阳光文化”品牌特色发展之路，传播园本特色课程理念，走出了一条区域优质发展的教育共富之路。东城幸福幼儿园在九堡区块又辐射了其他七所民办园的业务发展，形成公民联动、民民联动的链式运转，九堡学前教育的办园质量在区域内受到百姓的好评和肯定。2022年，更有邱红燕省特级教师工作站驻点九堡，实现全域式的区域链业务引领，优质教育环环相扣，联动发展。

在区域名校集群实践中，杭州市东城幼儿园首创了“公带民联动发展”的管理模式，通过理念、资源、管理、成果等的共享，促进集群中公办园与民办园的共同发展。在整体优化区块学前教育资源的基础上，走出了一条“文化引领、辐射提升、连片发展”的学前教育共富之路，最终实现全域教育的优质均衡，如链接 6-2-2 所示。

链接 6-2-2
东城幼儿园教育集团介绍

“跨体制校”名校集群，贯通了体制的界限，民办与公办优势互补，携手共进，成为共同发展的集群学校样态。在初中学段以及学前教育段，通过“公民互助”的方式，充分发挥名校品牌与影响力，使得体制内外不同学校的办学品质呈螺旋上升的发展态势，将优质教育资源的辐射面不断扩大，以满足家长获得高质量教育公平的诉求，实现教育的优质均衡发展。

第三节
产学结合的“校企合作”名校集群

⊙

本节所要分析的是校企合作名校集群。相较于普通教育，职业教育有其自身的特点，这种特点决定了职业教育跨界办学的独特性，它们更多的是与企业联姻，更多的是拓宽市场。因此，从一定意义上来说，在这种名校集群中，我们更多地看到了教育产业的痕迹。

一、校企合作共同体：杭州市建设职业学校

杭州市建设职业学校（简称“杭州建校”）有着 67 年的悠久办学历史和 39 年的职业教育经验。十年树木，百年树人，从杭州市笕桥中学到杭州市江干区职业中学再到如今的杭州建校，校名的更替也彰显着这所学校在职业教育道路上的不断探索和追求。如今，学校带着“规以成圆，工以至巧”的信念，一路前行，成为公办省级重点建设类专门化中等职业学校、省中职建筑教研大组副理事长单位和市中职建筑专业理事长学校，被誉为建筑和装饰业的“蓝

领摇篮”。

1. 办学初衷

教育家黄炎培曾直言：“办职业学校的，须同时和一切教育界、职业界努力地沟通和联络。”他更是提到校企合作“需把教育和实业联为一体，一方安插人才，解决生计；一方即是开发地方产业”。杭州建校秉持着这样的原则一路走来，在近 40 年的职教办学中，学校一直在探索校企合作、产教融合之路。只有让学生真正了解社会、了解企业，才能更好地谋学、谋生、谋理想。2019 年，习近平总书记在《国家产教融合建设试点实施方案》中明确提出要“充分发挥城市承载、行业聚合、企业主体作用”，党的十九届四中全会通过的《中共中央关于坚持和完善中国特色社会主义制度、推进国家治理体系和治理能力现代化若干重大问题的决定》强调“建立以企业为主体、市场为导向、产学研深度融合的技术创新体系”，这更是给杭州建校打了一剂强心针。产教融合契合区域经济发展，是区域经济发展的重要前提。因此，作为区域内唯一的一所职业高中，服务区域发展的压力更大，学校应该有更宽的视野，更高的要求，更加强调服务区域发展的适应性，更加强化人才培养的精准性、专业调整匹配的敏捷性等“硬核”力量。

杭州建校正是敏锐地看到了这些需求，为此在培养适应产业经济发展的新型技术人才和现代工匠方面做了诸多尝试。培养中职学生，必然不能只有学校的视角，更需要最终的“客户”——企业的加入。而对于学生来说，他们渴望学到更多的技术，获得更高的学历，进而更好地解决工作问题。

所以，杭州建校意识到，只有通过校企深度合作，充分利用各方的管理优势、组织优势、资源优势，中职、高校、企业三方携手共进，从各个层面合作对话、跨界联合，共同讨论出新的育人模式，才能培育出符合新技术需求、能适应产业升级的新技能人才，进而助推区域产业转型，反哺社会，实现多方共赢。

2. 路径探索

杭州建校转型成为一所专门化建设类职业学校已近十年，学校以为行业企业培养适用的技术技能人才、助力区域产业转型为目标，尝试进行跨界·融合实践的同时，也在摸索着具有鲁班特色的专门化育人之路。

一是跨界共建，构建行业认同的人才培养目标。鲁班学子应该具备怎样的素养？行业企业认同的职业素养目标是什么？社会需要的实用型人才具有什么特点？人才培养目标与现有的教育过程如何结合？这一系列问题都与如何创设合理的人才培养目标与课程标准相关，而杭州建校在践行过程中，一直坚持与企业共同构建人才培养目标，将鲁班精神贯彻到底。在订制学生培养方案时，学校将对企业的调研和分析前置化，细分企业中的管理人员、项目组织人员、一线实践人员等岗位角色，订单化处理企业的用人需求；同时，组建校企合作团队，为后期的育人工作搭建沟通的平台。

学校还牵手合作高校、合作企业和建筑专业指导委员会，成立了包括企业技术专家、高校专业负责人及教师、学校专业负责人及教师、行业协会等在内的小鲁班指导委员会（见图 6-3-1），共同研讨具有鲁班精神、契合企业需求的人才培养目标。

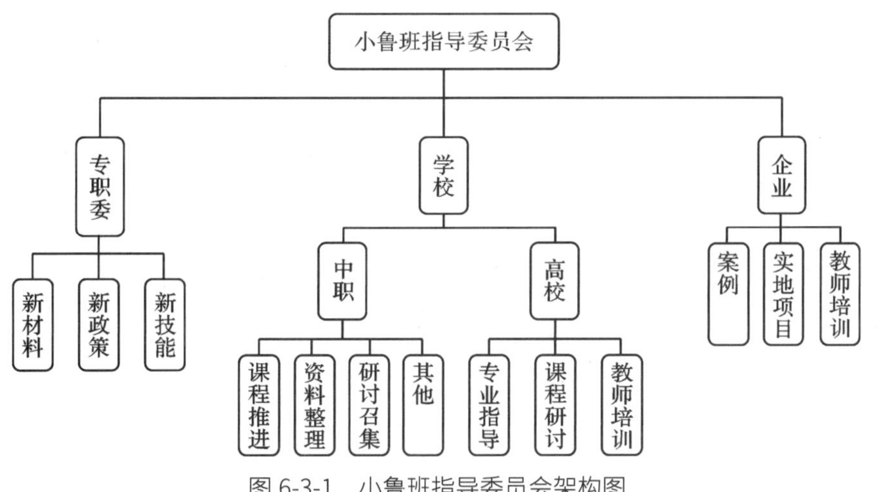

图 6-3-1　小鲁班指导委员会架构图

二是三方融合，探索五年一贯的协同育人机制。眼看远方，脚踏实地，对中职学生的培养永远不能脱离用人单位和学生自身需求。学校由此提出了“三方合作·四维融通·七种交替”的共同育人新模式：“三方合作”即中职、企业、高职三方开展合作；“四维融通”即学生、师资、资源和管理四个维度充分融通，提升教育教学质量；“七种交替”即工学交替、岗位交替、场景交替、供需交替、素材交替、评价交替和管理交替（见图 6-3-2）。

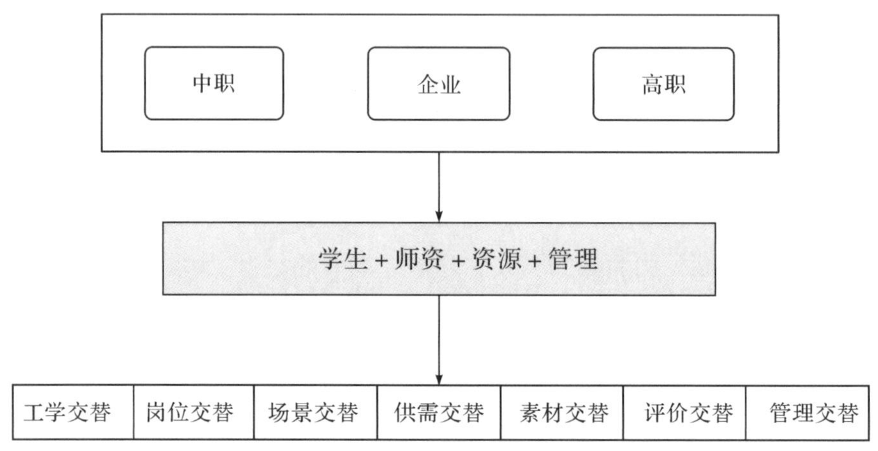

图 6-3-2　“三方合作 · 四维融通 · 七种交替”共同育人模式图

新模式融合了课程体系。课程在学校教育中处于核心地位，教育的目标、价值主要通过课程来体现和实施。学校同企业、高校共同制定符合新要求的课程体系，让学校的课程既符合学校的育人目标，又融合企业的用工需求，更导向学生的就业和终身发展。

新模式融合了学习场景。在学校里，教师和企业工程师共同教学，学生在教室里学习理论知识、在实训基地上进行模拟实验，例如完成开关的接线或完成自己家的装修设计方案等；到了企业，“师傅带徒弟”，学生跟着师傅体验真实的工作流程和工作内容，酸甜苦辣一并品尝；还有“前辈引后辈”，学校每年安排学生和已经升学的前辈交流经验、去高职院校参观体验。有了这些经验，学生更能够清醒认识到自己的职业潜能，明确自身专业发展方向。

新模式融合了资源建设。培育学生需要环境资源的配合，职业学校的学生对于实训场地的需求更是重中之重。学校除了在企业顾问的指导下建设自己的实训基地使其更符合工作场景，还联系企业对部分办公场所进行共享开放，将其作为学生的学习场所。如此一来，师生有了更多的场地选择、更丰富的实训设备和工具，教学的实效得到了保证；企业有机会近距离观察和了解“潜在员工”，了解学校教育教学流程，及时反馈调整需求，双方互利共赢。培育学生更需要落实教师资源。杭州建校的教师“进企业顶岗实践”已成常态，企业方面不少核心技能学科也开展双师共导，由学校专任教师与企业技术人员共同组成团队。在合作中，不仅学生的能力得到提升，教师的技能水平、企业师傅的交流能力和理论水平也都有所提升，师资力量不断增强。

新模式融合了管理评价。为了更接近工作实际，学校在五年一贯现代学徒制学生的评价体系中减少了理论性的评价，增加了技能型的评价，这使对学生的评价体系更符合企业用工需求。为了具有真实性，学校还把教学管理制度与企业的管理制度相结合，让学生有切身的职场体验。同时，学校也提前让大专院校教师介入中职阶段评价，增强高校教师对中职学校学生的认知，给有更高学历追求的学生提供升学的支架。

在这样的模式下，专业设置对接了产业需求，课程内容对接了职业标准，教学过程对接了生产过程，毕业证书对接了职业资格证，职业教育对接了终身教育，学生在学校的学习和成长有迹可循、有规可从、有路可走。

3. 展望思考

随着职业教育规模的不断扩大、质量的不断提升，学校与行业企业相互依存、共同发展的机会不断增多，逐渐形成“校企共同体”。在新时代环境下，校企合作、产学合作，是大势所趋，而杭州建校将不忘初心，一直在正确的道路上前行。

一是让“职教师资”成为地基。“师者，所以传道受业解惑也。”这是经过千年验证的真理，教师能力和储备如同育人的地基，地基不稳，广厦将覆。

但专任教师实践经验不足、企业导师教学经验欠缺，这样的错位导致教学过程中还是存在一定的盲区，教学效果易打折扣。为了保证学生在专业技能上能够和社会接轨，学校一度引进大批企业人才作为专聘教师，也定期派遣学校教师到企业观摩学习。

随着产教融合、校企合作的不断深化，学校决定进一步夯实地基，教师入企、引企入校，共同建设师资库，为中高职一体化人才培养做好充分准备。除了邀请本市建筑、装饰龙头企业的专家到校开展培训以外，学校也进一步安排专业课教师进入相关企业学习前沿的新工艺、新材料、新技术。

与此同时，学校还计划升级企业专家团队，挑选优秀的企业技能专家，对他们进行职业教育学、职业心理学等教育理论培训，期盼着有朝一日在企业实习中，他们也能够站在教育的视角，将知识、技能与职业素养教授给学生。而学校教师也能如同在行业现场一般，更生动、更自如、更真实地教学。

二是将“人才评价”作为梁柱。“不以规矩，不成方圆”，如果说职业教育是一座房子，那么“评价体系”就是这座房子的梁柱，为育人提供核心支撑力。在校企合作中，多样、客观、公正的人才评价体系正是“立德树人”的基本保证。制定并实施合适的评价体系是杭州建校一直以来的育人秘籍之一。学校的人才评价体系因材施教，不断地更新换代。

目前，学校借助小鲁班指导委员会这一平台，与合作高校及企业经过调研和修正，已于2017年9月出台《杭州市建设职业学校现代学徒制中高职一体化班转段评价方案》。该方案既有“面向学生、面向企业、面向社会、面向未来”的战略指导，又具备中高职一体化特色的学生人才评价体系，其中包括《学徒制学分认定办法》《订单班奖学金管理办法》等。通过以评价为导向的引领，有意识地引导学生参加诸如工学交替、技能考证、职业道德、创新创业、文化艺术等相关活动与课程，在此过程中，学生提升了相应的能力，培养了相应的素质。

未来，学校也将继续深化、丰富相关评价体系，让“梁柱”因时而变、因需而变，从而为学生的未来搭好框架。

三是让“家校共育”变为窗口。校企合作共同育人离不开家长的支持和参与。近 40 年的职教经验让教育者发现，很多孩子的问题其实是家长的问题，教育孩子得先教育家长。家长是孩子的第一位老师，有了家长对学生实践锻炼的理解和支持，在企业里开展实践活动才能事半功倍。

为此，近几年在中高职一体化人才培养过程中，杭州建校和签约企业一同建立了系统化家校企共育体系，引导家长深度参与学生的高中生活、企业生活，一同成长。在已有的家委会基础上，学校计划成立职业特色家委会，邀请有建筑和装饰行业背景的家长加入，共同参与工学交替和顶岗实习方案的制订。学校、企业、家庭三方正向发力的技能锻炼平台机制正在不断地完善。杭州建校这座育人大楼，让家长都能够成为帮助学生成长、展示学校风采的一个窗口，引入阳光，带来温暖，促进学生成长。

正如职教先贤黄炎培所言：“只从职业学校做工夫，不能发达职业教育；只从教育界做工夫，不能发达职业教育；只从农、工、商职业界做工夫，不能发达职业教育。办职业学校的，须同时和一切教育界、职业界努力地沟通和联络。”只有通过深度的产教融合与校企合作，才能助力专业人才培养和产业结构优化，才能为中国式现代化提供有力的人才和技能支撑。相信未来职业教育前景广阔，大有可为！

参考文献

[1] 施光明．杭州市“集团化办学战略”解析［M］．北京：中央文献出版社，2006.

第七章

融创：基于价值植入的名校集群

融合与创新，是发展新理念，构建新发展，推动高质量发展的内在要求。上城教育人懂得分享经验，更勇于担当责任与使命，不断凝练价值体系，以集群的视野、开放的理念，多层次、多路径实现优质教育资源的共建共享，促进区、市、省甚至全国范围内基础教育优质均衡发展。本章立足上城区内、外同步发展的改革视角，以区内校际的均衡发展和区域之间的均衡发展为论述重心，从不同学校之间的名校集群，推进不同地区之间教育均衡的跨区域发展，阐述上城教育人在推进教育共同富裕之路上的孜孜追求。

第一节
项目合作的“教师联盟”名校集群

本节介绍的是以项目合作为纽带形成的名校集群，它主要在各成员学校之间开展卓有成效的教研活动和教师专业成长培训活动，以达到促进教师专业发展的目的。此类名校集群，不仅打破了学校之间天然的壁垒，更在深层意义上联通了不同学校原有的特色文化与教师发展生态。

一、在智慧赋能中邂逅最美韶华：娃哈哈专业联盟共同体

杭州市娃哈哈幼儿园创建于 1951 年，坐落在美丽的钱塘江岸，唯美清新、和谐雅致的园所环境，时时彰显育人理念，处处充满人文情怀。幼儿园围绕“以乐育人，智慧成长”的办学思想，确立“走进娃哈哈，还你一个哈哈娃”的育人梦想，以“寓学于乐，寓教于乐，寓思于乐，培养爱幼爱园、善思善学、乐研乐享的快乐教师”为教师发展目标，是浙江省首批现代化学校，也是浙江省教师发展优秀学校，幼儿园在创新实践中积极探索有意义的学习生活，

让每一位师生在温馨、快乐的氛围中成长蜕变，孵化梦想。

1. 办学初衷

面向未来，教育发展步入新时代，不管是加强幼儿园的课程建设，还是提高学前教育质量，都离不开高素质的幼儿教师队伍。中国学前教育专家虞永平教授曾说过，教师成长是有规律的，每一种专业能力的发展也都有规律，不能盲目催长，更不能缺乏促进力量。新时代教师面临新的挑战和变化，需要教育者担当起“立德树人、五育并举”的教育使命，努力做到“经师”与“人师”的统一。

2019 年，中共中央、国务院在《中国教育现代化 2035》中提出建设高素质、专业化、创新型教师队伍的战略任务，综合来看，培养一支高素质善保教的教师队伍已成为学前教育高质量发展的重要举措。在推进园所内涵发展的过程中，娃哈哈幼儿园注重培育学思融合的教师精神，但该如何革新教师的育人方式，提高教师的思辨能力，更好地实现“幼有所育、幼有优育”目标？幼儿园不断探索教师专业成长的路径，在以研促评、以研提质的实践中形成具有驱动力和创新力的教师专业联盟共同体，将自上而下的任务诉求改为自下而上的发展需求，积极营造了民主融合、和谐奋进的教师专业化成长新风尚。

娃哈哈专业联盟共同体是基于名园介入的教研训集群，以推进教师专业发展为重点工作，以“智慧赋能、协同共生”为精神引领，通过多方联动、多维载体进行教师专业发展的组织架构，让每一位教师在追寻自身专业发展的过程中通过交流互鉴、共享共进，成为更好的自己，如链接 7-1-1 所示。

链接 7-1-1
我们的故事

2. 路径探索

为进一步推进幼儿园课程改革，加快人才培养，娃哈哈专业联盟共同体进行了“研训区域链”的顶层设计，通过对各个层级的组织架构，形成了“一链四维度”的管理体系，在多园协同、资源共享研修理念的引领下，不断提高联盟内各园的研训实效,助力教师专业成长,实现美好学前教育的共优共建。

一是搭建有效度的联盟组织架构。专业联盟共同体由多个单位组成,拥有多位市、区教坛新秀和区学科带头人,优秀的教师为专业联盟工作提供了团队资源保障。在研训区域链中,联盟发挥团队教师的多样性特点,分设了指导联络员、领导小组、日常工作组和执行小组四个层级维度,建立了“分项计划—重点目标—阶梯实施—多元反馈”的工作程序。各层级定期交流沟通,分工合作,助力研训活动的组织与实施,并适时提供专业资源和保障机制。

二是营造有温度的联盟研训空间。为了让研训更有针对性和实效性,团队以问卷调研、实地走访、专题座谈等形式了解区域链内各园的现有情况和发展目标,了解教师专业水平和成长需求,了解后勤保育技能和保障机制,并以此为依据思考联盟研训区域链工作的实施方向。通过问题导向,聚焦各园在教育科研、保教常规、文化创建、课程推进、评价体系构建等方面的实际问题,梳理共性问题,探索解决路径,做好统筹协调,思考研训区域链工作的重点内容。此外,娃哈哈幼儿园还统一研训区域链视觉识别系统,设计富有区域链文化内涵的标识符号,凝聚共识,并且构建 10 个研训区域链活动点,每个幼儿园结合本园实际,寻找最具优势和特点的研训区域链活动场地,为研训活动的组织与开展提供适宜的场地空间。

三是实施有亮度的联盟研训活动。研训的幸福感来源于不断挑战和超越自我,每一位教师在参与中丰盈知识和智慧,润泽自己的心灵。共同体以各种拓展活动形式,丰富活动内涵,充分发挥研训区域链的赋能作用,在聚焦教师成长问题中为有不同发展需求的教师搭建专业成长平台,通过搭建“赋能站”研修、“青新站”研修、“共享站”研修等多维研修模式,促进教师专业素养提升,开展多元合作活动增加学习的互动性,增强教师的内驱力和向心力。

“赋能站”研修,提高教师专业教育素养。“赋能站”研修,主要聚焦职前教师与在岗教师的现状问题,通过培训,实现教师价值观念、知识体系和能力结构的整合与重构。即每次命题研修有完整的研修过程:研修问题有出处,指导专家有针对性,场景再现有依据,研修过程有记载,研修效果有反馈。在此基础上，构建“三阶协同”体系，分层赋能，实现“互助式”研修，这是对教师研训方式创新的一种构思，其研修架构思路是通过骨干教师引领、专家团队助力，促进集团教师在专业能力方面整体提升。如图 7-1-1 所示。

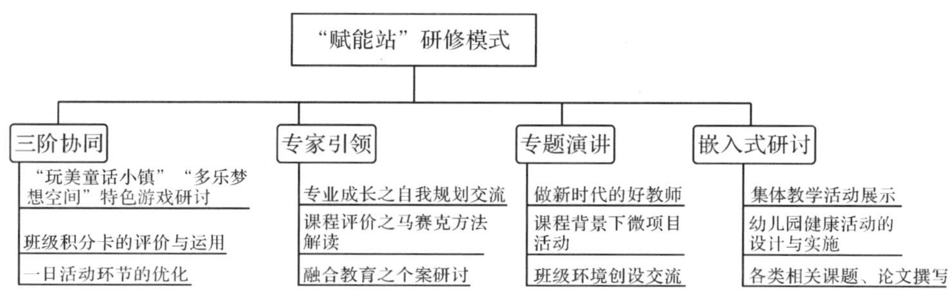

图 7-1-1 “赋能站”研修模式图

“青新站”研修，提高教师团队协作能力。青年教师是幼儿园的主力军，以青年教师带领新教师成长的共同体模式，突破了传统的“老带新”带教模式，通过更适合年轻人发展的培训形式，促进青年教师的自主学习，主动表达，从而达到互学互助，共同反思、发展良好的目的，通过差异互补和特质帮扶促进青新共融，让新教师更有学习的动力，让青年教师更有成就感和价值感。如图 7-1-2 所示。

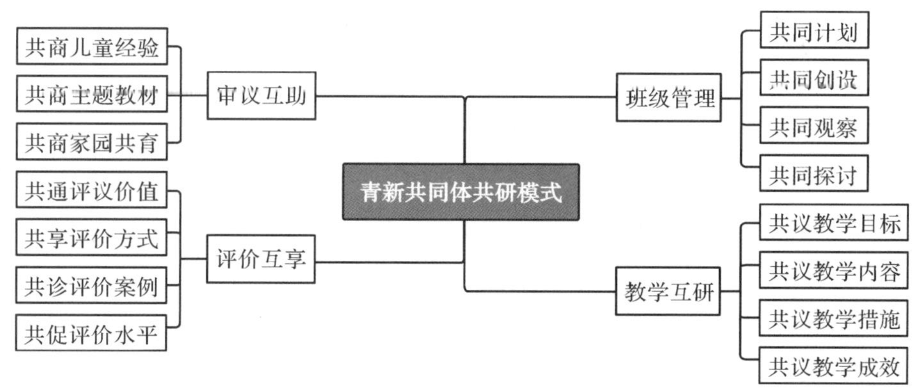

图 7-1-2 “青新站”研修模式图

“共享站”研修，革新集智交互资源形式。集团下区域链内的幼儿园互通开放式场地资源，这为集团教师创设了温馨的育人实践环境，提供了教育现代化设备，营造了民主和谐的专业成长氛围，让教师发展与教育教学进行动态衔接，更好地适应未来教育的发展需求。娃哈哈幼儿园科学构建教师研修项目，并不断进行优化与调整，使学习更具积极性和价值性，让教师在教育教学的实践操作中有更深层次的探究。重视对教师发展工作的开展实施，让分工合作成为常态，教师各司其职又相互关联，生成对话，碰撞思维，探究实践，汇聚集体的智慧。同时，变革管理形态，通过线上管理、数据管理、协同管理等增强管理实效，激发创新意识。

3. 展望思考

娃哈哈专业联盟共同体从内部基础及外部期望出发，创新活动平台，聚焦团队融合，统整活动资源，在协同合作、互助融通中对教师进行专业的成长引领。目前，专业联盟共同体还存在教师队伍年轻化、队伍结构不均衡现象，教师缺乏灵活运用专业知识分析解决实际问题的能力和团队协作创新能力。

专业联盟共同体需赋能精神引领。教师教育情怀的养成是教师专业发展的内在动力。在教师专业联盟场域、资源的共融共通下，联盟共同体更需要培养一批拥有教育情怀、承担教育使命的新时代教师。因此，娃哈哈幼儿园将教师专业联盟作为提升教师品德、文化的蓄力池，通过思维共享、理念共融的形式，对教师的品德培养做好顶层设计和长期规划，从而多方面、多元化促进教师品德等精神领域的成长，形成新时代教师专业发展新样态。

专业联盟共同体需赋能人才培养。教师是幼有所育的根本，在联盟研训过程中，还需充分认识到教师的学习成果不只有理论知识、活动设计、游戏组织、说唱弹跳，还应包含教育情怀、育人理念、评价反思等素质成果，确立适宜的教师培养目标，进行人本取向改革，注重教师内涵发展，打造复合型学前教师队伍，积极为教师搭建展示自我的平台，通过活动平台增加自我实现的渠道，不断尝试从理论到实践的内化，不断经历从理念到行为的改变过程，进一步增强教师的责任感，提高教师的创新精神和实践能力。

专业联盟共同体需赋能共富辐射。未来几年，学前教育将从普及发展转向高质量发展，专业联盟共同体应充分发挥自身优势，有效促进学前教育质量的整体提升，引领区域幼儿园共同发展，建立一套适合共富辐射的推广制度，通过各类研修活动，逐步形成相互支撑、相互促进的合作氛围，激发教师参与活动的积极性和主动性，促进教师活动组织能力和管理能力的提升，共享研训机制，共促教师成长。

二、兵团联盟：城市新区教师联盟

杭州天成教育集团、杭州市笕桥小学、杭州市夏衍小学和杭州市澎博小学这四所学校地处上城区艮北、笕桥区域，它们都位于城市新区，杭州市笕桥小学是一所具有百年历史的小学，着力于建设现代化强校；杭州市夏衍小学是一所办学历史悠久、文化底蕴深厚的学校，努力践行“让每一粒种子都能蓬勃生长”的办学目标；杭州市澎博小学以“行远自迩”为校训，立足教师成长，2020 年被评为浙江省现代化学校；杭州天成教育集团秉承“天堂杭州、育你成才”的办学理念，积极打造实践创新的教师团队。

1. 办学初衷

随着城市化的推进，迁建、扩建后形成规模化、标准化办学，四所学校内部管理稳定，但是专业特色不鲜明，缺少区域领军教师和名优品牌，存在“新区老校、单兵作战”的问题。上城区教育局改“单兵作战”为“兵团出击”，推进建设城市新区教师联盟。

教师联盟以“高校引领、名师驻点、同伴互助、联片发展”为主要特征，引进浙江大学教育学院课程与教学研究所、浙江省中小学教师（教育行政干部）培训中心专家资源，建立由省内特级教师领衔的八大名师工作室，整合多种资源，实施项目化校本研修。以课堂教学研究为根本任务，以“基于问题的课例研究”为驱动项目，在各成员校之间开展互动融合的教研活动和教师专业成长培训活动，从而达到快速促进教师专业发展的目的。通过精心策划新共同体的组织形态，以“共富理念”调动联盟成员校在同一个突破点上“协同作战”，在八大名师工作室的高端引领下，在联盟校差异共研的过程中，营造浓厚的学术氛围，形成亲密的“类集团化”共进状态，培植从“我能行”变成“我们能行”的联盟文化。

2. 路径探索

教师联盟的发展战略目标是找寻更多的方式与方法来实现教师和学校协同的高质量发展，这需要根据各校的实际情况，顺应城市化发展进程，通过组织变革，带动机制变革，形成文化变革，表现出具有协作广度和深度的递进式突破。

一是“1 站 8 室”，带动组织变革。“1 站”，指的是联盟名师工作站在原有名师工作室的基础上，不断整合区域名师资源，通过设立“1 个联盟名师工作站＋ 8 个驻校名师工作室”的模式，继续引进特级教师、高校专家、各级名师等专业引领资源，让这些专业人才担任工作站特聘导师，形成“1 站 8 室”，如图 7-1-3 所示。名师工作室以学校为基地，紧密联系驻点，充分研判，以教师为主体，以学生为核心，通过专家引领、课堂观察、课例研讨等行之有效的方式，促进教师专业水平提升。此外，名师工作室还为各校的科研、学校特色创建、文化提炼等提供一定的支持。

二是“2241”管理机制，推进机制变革。制定并出台了《区教师研训联盟实施项目及管理办法》（见链接 7-1-2），形成了“2 支管理团队、2 种规格会议、4 项核心工程、1 份简报”的管理运作机制，即成立领导小组和工作实施小组，定期开好管理团队联席会议和“名师工作室运作”恳谈会，实施教师专业发展工程、名师工作室案例研究工程、“真爱梦想”校本课程建设工程、教育现代化强校工程 4 项核心工程，办好双月刊《城市新区教师联盟工作简报》。

链接 7-1-2
《区教师研训联盟实施项目及管理办法》

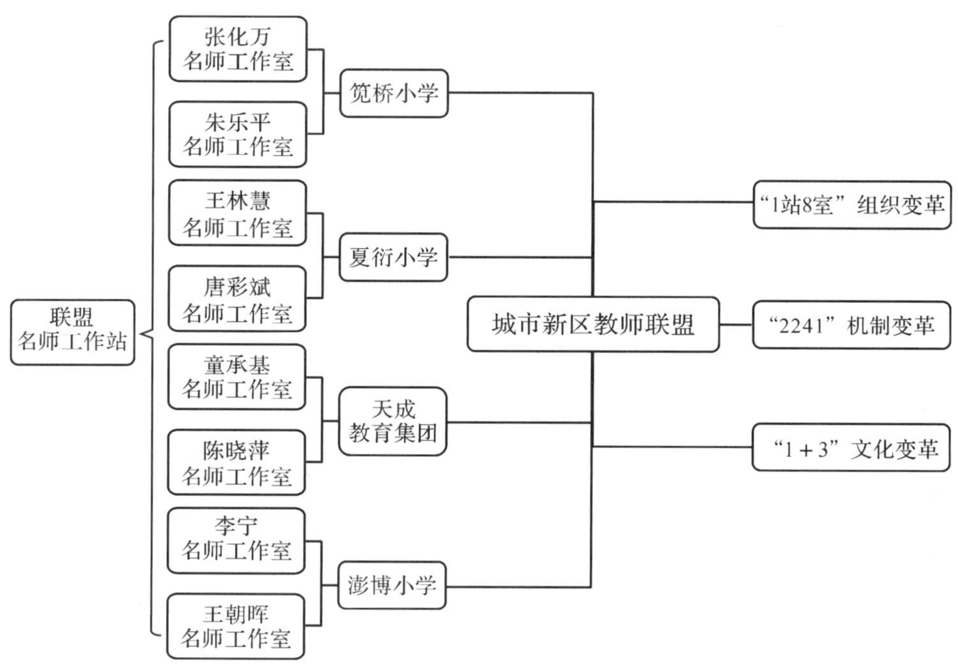

图 7-1-3　名师工作室示意图

三是“1＋3”研修方式和任务，带动文化变革。“1”指将案例研究作为主要的研修方式，这是教师研修共同体的基础工程，通过案例研究，形成基于科学分析研究基础的教师专业发展落地路径；立足课堂，关注学生，通过案例研究，使优质培训资源最大限度地得到共享。“3”指研修内容：（1）课题研究“植入式”优化。将课题研究落实为教师日常生活的一部分，基于各校原有课题，植入专家资源，深化学校课题研究，提升课题的规格和等级。如植入浙江大学课程与教学研究所研究资源，培育出省市级重点课题，令其开花结果。（2）特色研修“卷带式”辐射。根据四所学校的实际情况，采用“卷带式”研修方式，立足一所，辐射一片。通过八个名师工作室，研发五类课程，制订培训方案，有针对性地带动四校联盟全体教师研修。（3）学科骨干教师“嫁接式”成长。遵循骨干教师快速成长，带动学科全员教师的培养规律，开设特色课程与学科教师专业成长两个模块，将各学校骨干教师的知识结构、思维方式、认知风格等差异转化为资源，相互“嫁接”，优化发育，组建并形成了包含骨干引领课题研究、骨干带训特色课程和骨干领衔教师专业成长三大模块的“骨干+全员”的教师专业发展研修项目群（见表 7-1-1）。

表 7-1-1 联盟研修任务表

方式	任务
“植入式”课题优化	力争 2 年内，各联盟校均有市级以上课题 1 项 教师小课题在区级以上立项比例达到 20%
“卷带式”校本研修	每所联盟校组织名师工作室校本研修每学期 2 次 联盟校际联动式研修活动每学期 1 次 组织未来名师高规格研修活动每年 1 次
“嫁接式”骨干成长	每所学校区级以上骨干教师新增比例为 5% 联盟校培养特级教师 1 名，省级以上综合荣誉教师 1 名

3. 思考展望

实现教师自主协同、对标诊断、内生发展、优秀卓越，最终将这份优秀传递给每一位学生，是教师联盟始终不懈的追求。

一是研修联盟是推进名校集群的新实践。研修联盟是“教师专业发展共同体”与“名校集群化”相融通的一种新型实践。该联盟的特色在于“专家引领、名师指导、同伴互助、联片发展”，希望在实践的过程中，进一步打通学校之间天然的壁垒，通过“植入”“卷带”“嫁接”的方式，形成资源利用和差异共享，在充分的研修实践中，培育不同学校的特色文化与教师发展生态。

在上城教育优质均衡发展的新时代，整合区域内不同学校之间的资源，最大限度地兼顾各校特色，引入专家与名师的理念与实践，激活教师内生动力，逐渐摸索、总结出“植入中磨合，卷带中整合，嫁接中融合”的渐进路径：所谓“磨合”，即面对既存的问题与困难，让不同的观点相互碰撞与交流，在不断磨合中使问题得到解决；所谓“整合”，即在保障学校日常教学任务的同时，将联盟活动与学校本身的教学工作有机整合，如将研修项目通过区研修部门规范化，转化成教师的研修学分；所谓“融合”，即希望各校教师在遇到困境与难题时，主动联系联盟中的各位专家名师与骨干教师，主动利用各种优质教育资源，使联盟真正成为教师成长的有力推手。

二是研修联盟要成为促进教师专业成长的新载体。从诞生伊始，该联盟就以“高校引领、名师驻点、同伴互助、联片发展”为主要特征，以教师专业化发展为己任。联盟成立初期，8 个由省内知名特级教师领衔的名师工作室快速进驻 4 所学校，其中语文工作室 2 个，数学工作室 2 个，英语、体育、科学、德育学科的工作室各 1 个。研修联盟中每位参研教师结合联盟规划明确个人发展目标，不仅要梳理好模块项目计划，也有翔实的实施措施。此外，研修联盟还需推出相关配套管理办法与考核办法，以期通过规范的管理使其成为推动教师专业发展的新载体。经过几年的探索与发展，联盟已经逐步实现了研修主题与范式的转向，即从“理论的实践转向实践中的理论”“教的研究转向学的研究”“单一性研究团队转向多质性研究团队”“归类评级转向鉴赏批评”四个视角进行转换。

三是研修联盟需成为激发学校发展的新动力。面对教育高质量、现代化的要求，教师专业发展已经成为学校发展的关键。如何最大限度地促进教师专业成长与内涵提升，已成为各校面临的新时代的主要任务。学校管理变革需走在教师发展的前头，应将学校原有的教师评价机制与教师参与联盟活动的实际表现结合起来，变负担为动力，使研修联盟成为学校发展的新支点。研修联盟拥有的资源非常丰富，各校需借助各种力量对学校的发展做好顶层设计与长远规划，并将顶层设计与长远规划纳入本校的三年规划，注意规划的理论性、科学性与融合性。四所学校可逐渐摸索出各具特色的校本研修模式，这样不仅能够实现校本研修与联盟研修的有机融合，更能借此推进各校的长期发展。

就联盟本身而言，虽以教师内涵发展为主要任务，主要涉及的是教师专业发展、学校文化建设等方面，但对联盟四校的各项工作无疑也是一种促进与变革。一是继续创新组织变革，根据发展需要，优化组织形式，扩大联盟活动的内容，丰富联盟活动的内涵；二是不断推进机制变革，比如进行联盟内的教师评优、考核，将联盟活动由原来单一的教师培养逐步向教育的各个方面延伸；三是努力形成文化变革，设计各类高规格的学术活动平台，为教师们的专业成长打造不同类型的载体，推进数字研修，搭建区域性网络平台等，形成高学术品质、高质量成果的研修文化。

娃哈哈专业联盟和城市新区教师联盟在厘清教师专业发展现状和诉求的基础上，从一所学校的教师专业发展到几所学校教师专业的抱团提升，革新现有教师研训模式，全力构建教师间相互学习的专业成长集群，为教师搭建学习、提升的良好平台，促进学校间的交流，走出了以教师优质均衡发展促进校际优质均衡发展的关键一步，为区域教育整体优质均衡发展夯实了基础。

第二节
空间拓展的“区域联合”名校集群

⊙

不断扩大优质教育资源辐射范围，走出上城，组建区域联合名校集群，是上城教育人在名校集群建设上的又一实践创新。从打破的区域空间范围来看，这类名校集群可分为市域内、省域内和省际三种类型。本节讨论的三个案例就分别是这三种类型的典型。可以看到，跨出上城区办学，推进上城区优质教育资源下沉，无论是主动作为，还是为了贯彻落实省市政策要求而行动，都是上城教育人对老白姓民生关切问题的积极回应。

一、让更多的孩子受惠：崇文“新班级教育”打造优质跨区域共同体

杭州市崇文教育集团坐落在美丽的钱塘江两岸，秉承 1599 年崇文书院的历史文脉，以“新班级教育”为特色，以“崇文尚德”为校训，以“国内领先、国际一流”为办学定位，致力于打造集前沿学校建筑、教育理念、教育技术与管理制度于一体的现代教育集团。集团成立于 2018 年，下辖杭州市崇文实

验学校、杭州市崇文世纪城实验学校、杭州崇文未来学校、杭州崇文理想国幼儿园等多个各具特色的办学实体。

1. 办学初衷

集团的起点学校为杭州市崇文实验学校，其创建于 2002 年，是全国第一所专门为小班化教育设计并全面实施“新班级教育”的学校。“新班级教育”研究成果丰硕，形成了独特的崇文教育品牌，在省内乃至全国具有一定的示范和引领效应。2003 年，时任省委书记的习近平同志在视察学校时曾谆谆教导，新班级教育做得很好，要坚持下去，让更多的孩子受惠。2018 年，学校又积极响应杭州市委市政府“拥江发展”的号召，在钱塘江南岸跨区域创建了杭州市崇文世纪城实验学校。从此，崇文开启了“新班级教育”跨区域共同体建设，如链接 7-2-1 所示。

链接 7-2-1 杭州市崇文实验学校介绍

“有教无类，因材施教”，两千多年前孔子提出的教育原则历久弥新，至今仍为教育人孜孜追求。然而，如何真正做到关注每一位学生，为每一位学生提供适合的教育？学校认识到，面对一个个个性鲜明、性格迥异的孩子，传统强调的整齐划一的班级教育很难满足学生的发展需求。班级是学校教育的“细胞”，是学生道德养成、人格成长、学习知识、人际交往和社会发展的直接环境。秉持“看见班级中的儿童，打造儿童心中的班级”之理念，我们从儿童立场出发，着力打造“新班级教育”，促进每一位学生全面而主动地发展。

“新班级教育”将培养“存德性、明自我、会学习、擅交往、广视野”的崇文小少年作为育人目标，主张以德为先，倡导学生学以致用、主动探索，合作探究、实践创新，做有理想信念、有责任担当的社会主义建设者和接班人。

2. 路径探索

为推进“新班级教育”跨区域共同体的优质发展，集团以学习时空重构为抓手，逐步推进杭州市崇文世纪城实验学校的整体变革，进一步重塑儿童学习生活的过程，满足学生差异及个性化学习需求。

一是学习时间重构：模块规划，弹性布局。在不增加周教学时间总量的前提下，学校对学生的课程学习时间进行了“模块化、弹性化、个性化”的布局设计。

模块化：杭州市崇文世纪城实验学校设有多种长短不一的课时（见表 7-2-1），比如以 30 分钟为 1 个常规课时模块，真正让时间适应学习的需要，而不是让时间束缚学习。基础学科一般为常规模块，以建设内涵式课堂为导向，做到短小精悍；实践性课程一般是超过 30 分钟的长课，如 STEAM 课程需 3—5 个模块，力争让学生充分体验提出问题、分析问题、解决问题、展示交流的完整探究过程；小于 30 分钟的课为短课。

表 7-2-1　学生学习课时模块表

年级	名称	模块（1 模块 =30 分钟）
1—6	常规课（如语文、数学）	1
	社团课	1.5
	自主学习课	1/2
	在线微课	1/2、1/3、1/6
	谈话课	1/2
	免试生课程	2
	拓展课、定制课	3—5

弹性化：为了有节奏、分阶段地调节学生学习兴趣，将课程模块化实施后结余的部分时间用来开展专题活动，以基础课程相关话题为线索整合形成 1—5 天不等的“非连续性学期”；为帮助幼升小学生适应小学生活或小升初学生适应初中生活，分别设置了过渡短学期。在杭州市崇文世纪城实验学校，学校又进一步设置了错峰到校、离校时段、活力晨间和闲暇时段，学生可自

由选择相应时段安排学习生活，既方便了家长，也培养了学生的自我管理能力。

个性化：专长定制课和需求定制课属于一对一指导的个性化时间安排，根据学生认知水平、学习专长或特殊学习需求，配备导师团队，以期在时间上做到“一生一策”“一生一表”（见表 7-2-2）。该课表上午为国家课程，下午为个性化选课。

表 7-2-2 杭州市崇文世纪城实验学校一个学生的个性化课表

<table>
<tr><th>时间</th><th>周一</th><th>周二</th><th>周三</th><th>周四</th><th>周五</th></tr>
<tr><td>11:25—13:00</td><td colspan="5">午餐时间、闲暇时间</td></tr>
<tr><td>13:00—13:30</td><td rowspan="2">游泳</td><td rowspan="2"></td><td rowspan="2">体育项目走班</td><td rowspan="2">体育项目走班</td><td rowspan="2">主题活动</td></tr>
<tr><td>13:40—14:10</td></tr>
<tr><td>14:30—15:20</td><td>拓展课程选修</td><td>拓展课程选修</td><td>音乐项目走班</td><td>美术项目走班</td><td>定制课程</td></tr>
<tr><td>15:20—16:00</td><td colspan="5">下午茶、自由活动时间（弹性离校）</td></tr>
</table>

二是重塑班级样态，打破空间束缚。杭州市崇文世纪城实验学校从物质空间、知识空间、交往空间和体验空间四个层面出发，进一步升级“新班级教育”改革实验，重塑了班级样态，打破原来的空间束缚。

第一个层面，构建灵动开放的物质空间。围绕“无边界未来学校”设计原则，杭州市崇文世纪城实验学校为学生提供了“时时乐学、处处能学、人人善学”的物质空间。

杭州市崇文世纪城实验学校继承了杭州市崇文实验学校的黄、蓝校园主色彩，设计一体化的学习生活空间，如融学习、教学、生活、游戏的集约式管理功能于一体，满足学生在一栋楼内完成所有学习活动的需求。如全校人员必经的走廊、楼梯间、教室与教室的连接处等公共空间，被打造成了数十个主题丰富、温馨可爱的“港湾家园”，使整幢教学楼变得生机勃勃，满足了小学生嬉戏玩耍的需求，成为孩子们餐后休闲活动、阅读交流、自由畅想的灵动空间。就连教室的外墙也会“说话”，每一面文化墙在传统的主题性、科学性的基础上，增加了社区性、趣味性、故事性、生活性等元素。

在校园环境设计上，杭州市崇文世纪城实验学校进一步将大自然带进了学校。如教学楼顶是一片绿意盎然的阳光农场，成为孩子们的劳动实践基地；校园内的法布尔湿地、科学气象站等是孩子们探究的实践基地。学校充分尊重儿童天性，让孩子在学校中不停地发现惊喜，切身体验各种有趣的活动，培养其好奇心与探究欲，使儿童在与丰富的素材互动中获得发展。

在教室布置上，杭州市崇文世纪城实验学校沿用杭州市崇文实验学校的传统，打破了秧田式课桌椅布置，进行学生四人围坐一桌的合作学习式座位安排。杭州市崇文世纪城实验学校在此基础上，又将教室空间扩大，设置了学习区、资料查阅区、讨论区、休息区、办公区等空间。如每间教室都有一处铺着地毯、放着沙发、可供学生休息的“温暖角落”。这种无限接近学生生活空间的布局，使学生在一种舒适的环境中放松身心集中学习。

第二个层面，创设乐学善思的知识空间。杭州市崇文世纪城实验学校继承了杭州市崇文实验学校秉持的“让世界成为学生的教材”的原则，为学生构筑了融会贯通、乐学善思的知识空间，让知识不只存在于教科书等静态文本中，更源于学生与书本、生活相互作用时获得的一切经验。如两校都合理突破固定的教材章节，以核心概念为单元进行任务设计，突出学科知识体系的完整性；同时设计开发多主题跨学科课程，打开学生学习的“知识空间”，帮助学生更好地建立自己的知识网络。同时，杭州市崇文世纪城实验学校借助虚拟场景、混合学习等现代技术手段，把博物馆、科技馆等场所“搬进”学校。如开设“科学家”等科普课程，将学校打造成虚实结合、内外联通、处处可学、时时能学、人人乐学的浸润式学习乐园。

第三个层面，营造友好互动的交往空间。为激发班级活力，杭州市崇文世纪城实验学校继承了杭州市崇文实验学校变革传统班级教学的组织形式，使不同课程、不同学段都拥有丰富的班级样态，打造了“有形”的物理学习空间和“无形”的交往空间。

教师包班，一、二年级学生实行主题包班教学，由两位教师共同负责班级课程、活动及管理等所有工作，以主题整合所有课程开展全科教学。教师主题走教，为实现名优师资最大化利用，教师分课程主题合作走班上课，有一课两班走、一课多班走、多课多班走形式，学生可体验到同一学科多位教师的课堂风格。学生走班，兴趣走班，即在体艺课、部分拓展课程中根据特长和兴趣自主申报班级；强基走班，学生根据自己的认知水平和能力选择 A、B、C 三个层次的班级。学生定制班，开设专长定制班，促进学生的研究性学习；同时，为学习和社交有困难的学生开设需求定制班。

第四个层面，修己及人的体验空间。学校在课程建设中，开发了“走进社区”“国防教育”“生存体验”等多种体验类拓展课程，带领学生走进社区、部队、农村，丰富实践体验和真实感受。同时，学校还通过改进教学方式和评价体系，不断提升学生积极的学习体验，激发他们的学习乐趣，提升他们的学习水平。

（1）采取螺旋进阶的教学方式。

学校根据学生身心发展特点和学习规律，采取游戏式、主题式、项目式螺旋进阶的教学方式，以促进学生思维发展和能力提升，进而实现教学的提质增效。如在主题式教学中，学校根据低段儿童整体认知要优于部分认知的特点，以“知识统整、能力导向”为原则，通过主题协同一个或多个学科内容，设计系列主题学习任务。如在六年级“我的学校”主题课程中，以“学校”为主题，整合语文、数学、体育等课程内容，让学生走出教室，在测量、绘制校园平面图任务中学习比例尺等数学知识；在“细说崇文”任务中结合平面图绘制，运用“详略得当”的习作方法介绍学校；在“定向越野”任务中，把绘制的平面图运用到实际生活中。

（2）构建多元开放的评价体系。

科学合理的评价体系能有效缓解教育教学中的“内卷”现象，减轻学生的学习负担。为此，学校创设了具有“多主体、互动式、全视角”特征的校本化评价体系，围绕生存基础、身体素质、社会情感、传统美德、公共素养、学科课程、综合课程、活动课程八个评价模块，构建起百余个评价细目，不仅关注学生的学科成绩，更关注其必备能力和关键品格的形成。同时，在具体评价过程中，学校坚持教师、学生、家长三维主体互动评价，并采用档案袋、日常记录单、综合化和情境化测评、自主申报特长、创新实验室发布会等多元评价方式，全视角全过程跟踪评价学生表现，以获得全面、准确的评价数据。

3. 展望思考

杭州市崇文世纪城实验学校重构“新班级教育”的学习时空，破解了学生学习方式单一化、学习场域单向度、学习内部动机不足这一难题，促进了学生的全面而有个性的发展。“新班级教育”时空重构致力于推动整体单元教学、协同教学、项目化学习的实施，学习场域从单一的“课本学习场”走向了丰富的“生活学习场”，学习不断深化，学生的学习动机不断得到激发，学生从“要我学”变成“我要学”，由此学生在学习中的主体地位真正得到了保障。

（1）从“同一时空”转变为“个性时空”。

随着“新班级教育”跨区域共同体的打造，杭州市崇文世纪城实验学校实现了学校生活的时空重构。如形成了学生课程表的“一生一策”“一生一表”。除活力晨间、经典诵读、游泳课程等原则性安排外，其余课程均要按照学生选定的课程和班级上课。未来，在时空重构的加持下，杭州市崇文教育集团将打造出“适合每一位学生的课堂”。

（2）从“孤立时空”转变为“互联时空”。

“新班级教育”在跨区域共同体杭州市崇文世纪城实验学校的不断推动下，学习时空将从“平铺时空”走向“节律时空”。学生学习将更具生命的活力，以走向真实而有意义的学习（见图 7-2-1）。

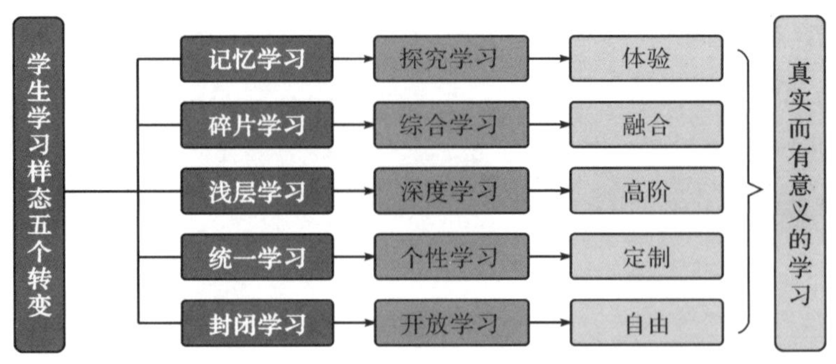

图 7-2-1　学生学习新样态

由记忆学习走向探究学习。“新班级教育”减少了传统的盲目记忆、一般理解与机械运用的学习，增强了分析的学习、评判的学习与创造的学习。让学生经历更多的体验式学习，使其在情境中探究问题，实现创造性的迁移性学习。

由碎片学习走向综合学习。“新班级教育”为学生提供融合式学习，减少了碎片式的孤立学习与一维学习，加大了综合性学习和真实学习，引导学生走向辨析的学习以提升信息筛选的能力。在真实而复杂的问题情境中有选择地对信息进行加工，对问题与事物保有完整的认知，发展学生的综合能力。

由浅层学习走向深度学习。杭州市崇文世纪城实验学校建构的时空重构课堂，为学生提供了高阶学习机会。改变了传统学习只关注基础认知的低阶课堂模式，让学生不断经历辨析、评价、综合与创造的思维活动，由此获得深度学习的能力。未来，杭州市崇文教育集团将打造更多的课堂学习样态，实现学生基于讨论型的、递进式的、思辨性的和反思型的学习情境体验，使学生由浅层学习走向深度学习。

由统一学习走向个性学习。学习时空重构改变了原有的同一时间、时长、教室、课表、教材及学习进度等现状。未来，杭州市崇文教育集团将打造更适合每一个学生发展的个性化学校支持体系，以实现为每一位学生提供定制的学习这一目标。

由封闭学习走向开放学习。“新班级教育”将逐步打造学生自由学习的未来场景，改善原有封闭的、隔阂的和有限制的学习，逐渐转向校内校外和课内课外，从学习时间长度和空间宽度，从有形到无形，从外在到内在，不再闭守，达到多元融合、混合互联，出现兼容并包和百花齐放的自由学习场景，让学校真正成为师生自由成长的地方。

二、跨地区教共体：浙江师范大学附属丁蕙实验小学

浙江师范大学附属丁蕙实验小学（简称“丁蕙小学”）成立于 2014 年，地处杭州市上城区丁兰街道。学校秉承“生命·生态·生长”的三生办学理念，以生命教育为核心，智慧教育为特色，不断提升办学水平。

2016 年建立第二校区杭州市丁蕙第二小学，2017 年建立第三校区浙江师范大学附属丁蕙实验小学临风书院，2021 年第四校区杭州市丁蕙第二小学白鹤校区启用。8 年间，学校规模不断扩大，逐步形成智慧化的跨校区办学模式。

1. 办学初衷

共同富裕是新时代的命题，是党中央和国务院赋予浙江的重要示范改革任务。为持续推动区域义务教育优质均衡发展，共享共富成果，2022 年 1 月，浙江省教育厅发布了《浙江省教育厅办公室关于下达跨地区教共体结对学校及帮扶民生实事任务的通知》（简称《通知》），在全国率先推进全省域融合型、共建型、协作型三种模式城乡义务教育共同体建设，为上城、常山进一步交流合作搭建了新平台，正式开启上城与常山的跨地区教共体结对活动。

《通知》指出：在“十四五”期间，上城、常山两地各安排 9 所学校结对组成跨地区教育共同体，开展帮扶活动。通过支援地城区优质学校与受援地乡村薄弱中小学结对帮扶，将支援地优质教育资源下沉到受援地乡村义务教育学校，激发山区乡村学校办学活力，提升乡村学校师资、管理、质量、文化等整体水平，缩小地区间教育差距，促进受援地乡村教育振兴和教育现代化。

丁蕙小学作为上城 9 所支援校中的一所，与常山县球川镇中心小学（简称“球川小学”）成为跨地区教共体结对学校。结对期间，丁蕙小学严格执行文件精神，落实帮扶任务，高质量推进与球川小学的教育合作交流，努力打造区域教育共富的典范。

学校借助新教育共同体平台，同步共享浙江师范大学优质资源，与球川小学优势互补，促进学习方式的转变与教师素质的提高，增强了学校自我发展能力、特色发展实力和创新发展活力。共同开发数字化特色教育资源，开展远程同步教学模式探索，发展校际协商、教师交流、教学协同等机制，实现教共体内资源的融合与共进，努力落实“共享、共建、共赢”的目标，如链接 7-2-2 所示。

链接 7-2-2
奔赴山海 教育共富

2. 路径探索

自教共体活动开展以来，丁蕙小学、球川小学两校教学共研、资源共享、师生互动，从师徒结对、名师工作室、课堂教学、集体教研、学生交流活动等多个维度开展深度交流，共同谱写杭衢两地美好教育诗篇。

一是两地师徒结对。教师是学校发展的动力之源，为促进教师间相互学习，加快两地教师专业成长，进一步增进校际交流，丁蕙小学和球川小学两校开展师徒结对活动，共计 12 人次。从课堂展示、专题讲座、作业指导等多个维度展开了学习交流，通过师父的传、帮、带，徒弟的观、学、长，促进师徒同步成长，建构了两校教学、德育等互相贯通的共享优质模式，促进跨地区义务教育均衡发展、优质发展、高效发展。

二是成立名师工作室。打造教师发展共同体，充分发挥骨干教师的示范、引领、辐射作用，全方位促进新教师专业发展，是丁蕙小学的系统工程。结对期间，成立郑小丰名师工作室，于 2022 年 4 月正式挂牌运作。郑小丰多次组织工作室成员开展线上直播、教研、经验分享等活动，为两校教师学习交流提供平台与机会，加强两校师资力量建设。2022 年 10 月，郑小丰带队，携手丁蕙小学名师工作室成员一同前往球川小学开展名师送教活动。

三是异地跟岗锻炼。为更好实现丁蕙小学、球川小学两校管理共进、教学共研、资源共享、信息互通、师生互动，球川小学特派教导处主任唐丽芳赴丁蕙小学进行为期一个月的跟岗锻炼。跟岗期间，唐丽芳了解了丁蕙小学文化建设及硬件设施、教学管理模式、课程设置、教材实验及教育教学经验等。沉浸式地体验跟岗，加快了球川小学中层管理团队建设，优化其中层队伍素质，也为球川小学带去了特色课程和实践活动等方面的资源。

四是支教交流活动。丁蕙小学精挑细选三位骨干教师赴球川小学开展为期 15 天的支教活动。三位教师深入课堂，与球川学子共同开展学习活动。丁蕙小学的教师带去了先进的教学理念和教学手段，为进一步提升球川小学的办学质量，提高课堂教学实效性和一线教师的专业素养提供了优质资源。两校教学共研，资源共享，信息互通，差异互补，实现了精准帮扶。

五是开展同步课堂。课堂是教育教学的主阵地，在“双减”的背景下，丁蕙小学携手球川小学的师生，以信息技术与课堂的深度融合，共同聚焦同步课堂。截至 2022 年 10 月，累计打造同步课堂 19 节次，做到语文、数学、英语、科学、音乐、体育与健康、美术、信息技术等全学科覆盖，充分实现两校课堂教学联动。同步借力省信息工程 2.0 平台，突破了空间限制，创新同步课堂教学新模式，打造远距离高质量同步课堂。丁蕙小学和球川小学充分发挥两地学生学习的积极性和主动性，激发了学生课堂学习兴趣。

六是线上线下集体教研。为促使全员全面学习，促进两校教师深入交流，成立多学科的工作坊，组织两地各学科、各校区教师全员参与卷入式教研活动。分学段、分学科、分会场进行全员研训，通过进阶式设计，汇聚多维空间，采取“线上＋线下”相结合的研训模式，从多个维度开展研修活动，形成教师研训进阶模式（见图 7-2-2），以提升教师综合能力，有效促进教学共研，促进城乡基础教育均衡发展。

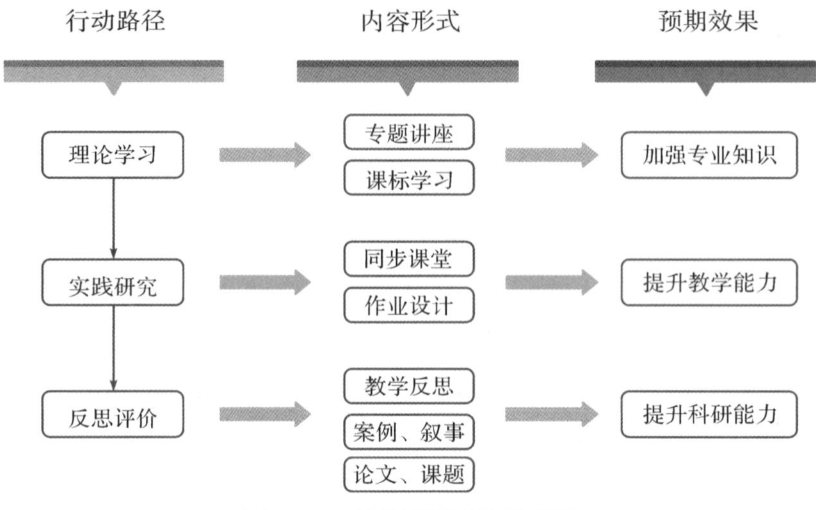

图 7-2-2　教师研训进阶模式图

七是线上拓展课程。为了进一步丰富两校学生课程学习，丁蕙小学发动骨干教师力量，充分整合现有资源，积极探索云端课后服务新模式，搭建课后服务云平台。在此期间，丁蕙小学开发了优质课程资源《电影里的习作秘密》和《红船精神》，并通过之江汇平台予以共享，让课后服务打破地域局限，让教育更具深度、宽度、温度。

八是学生集体交流。采取线上、线下结合的形式开展两校学生交流活动。前期，丁蕙小学、球川小学两校学生通过书信、视频、班级结对等方式交流对话，拉近了彼此之间的距离。2022 年 10 月，丁蕙小学的学生代表赴球川小学开展线下交流，与球川小学的学子共同开展“传承宋韵文化，开启快乐研学”主题活动。通过丰富多彩的活动和特色项目体验，两校学子建立了深厚的情谊。

3. 展望思考

以美好之名，向美而行，在跨地区教共体活动中，丁蕙小学和球川小学始终凝聚共识，共话合作，厚植情怀，共创美好教育。在取得阶段性成果的同时，丁蕙小学和球川小学仍有改进和提升的空间，未来将从以下几点做起。

（1）打破时空界限，实现连接共享。丁蕙小学与球川小学相距 300 千米，

单趟车程长达4个小时，师生交流难免受到时空限制，如何有效打破时空界限，有效实现连接共享是眼前的一大难题。

丁蕙小学以浙江省教育规划课题“三生学堂：未来学校视域下的学习场创构与实践研究”为抓手，聚焦学生主体，打破丁蕙小学与球川小学的时空界限、技术界限与学习界限，促使两地实现课堂、书本、教室、技术、生活、自然与自我的连接共享。

丁蕙小学和球川小学两校充分运用智能与交互的设施配备，以网络化、信息化、智能化设施创建虚拟情境，增强两地师生学习互动的体验感和互动感。打造以“物联”和“智能”为特征的智慧校园环境，形成与球川小学“数据共享”的智慧应用系统。

此外，丁蕙小学和球川小学两校采取线上与线下场景结合的方式，通过虚实融合学习环境中的多模态人机交互技术，创设灵活多变的适应性环境，将在线教学和传统教学的优势结合起来，打造“线上＋线下”混合式教学模式，扎实有力地推进两地同步课堂的进一步发展与提质；联通与开放资源，利用现代互联网技术，延展学校的未来学习场，打造资源共享的无边界学堂。

（2）从课堂走向课程，实现多方融合。同步课堂的开展，有效打破了空间的桎梏，让丁蕙小学、球川小学的孩子同步参与课堂学习，共同享有丰富的学习资源。丁蕙教师把先进的教学理念和智慧化的教学手段带进了球川小学，两校学生在同步化的课堂中相互学习，共同思考，碰撞出思维的火花。但是这些课堂相对独立，课与课之间缺乏关联性，且参与授课的班级有局限性，难以面向全体学生形成体系。

授人以鱼不如授人以渔。面对同步课堂的局限性，丁蕙小学必须从课堂走向课程，深度集成整合各种教育资源、系统、服务，系统构建创新特色拓展性课程，以助推学生开展深度学习，发展富有新时代特色的核心素养。

未来，丁蕙小学和球川小学将积极探索两校跨学科、跨学段项目化学习的实践路径，以“项目式学习视域下的单元整合教学”为契机，融合学科教学与项目化学习，开展大单元教学，聚焦学科核心素养，同时让两校更多师生参与其中，推动两校课堂学习新样态的形成。

与此同时，丁蕙小学还将充分发挥两校场馆优势，创设特色课程品牌。如利用丁蕙小学的科技博览馆、情意生长馆、生命体验馆、智慧生态馆、童心农耕馆，球川小学的国学馆、红色农耕基地等，借助地方特色，深挖文化内涵，促进深度交流。

（3）由点走向面，实现一体化研训。当前，丁蕙小学与球川小学的教师交流仅仅停留在“点对点”式的互动，无论是名师工作室活动还是师徒结对活动，都仅限于个别教师或个别学科，没有真正面向全体教师、全部学科。

为了进一步扩大影响范围，有效促进教师专业发展，促进丁蕙小学、球川小学两校教师深度交流，丁蕙小学计划立足校情，优势互补，进一步落实、完善互动模式。

丁蕙小学同步共享浙师大优质资源，期待在浙江省教师教育规划课题“新教育共同体下教师专业发展一体化研究”的基础上，携手球川小学与浙江师范大学共建教育命运共同体，建立地方政府、高校、学校“三位一体”协同培养新机制，促进两地教师群体的专业发展。

与此同时，丁蕙小学和球川小学两校还可以聚焦示范性教师发展体系建设，借力浙江师范大学联盟教师发展中心、教师专业发展基地、校本教师专业发展中心、名师工作室四大平台，以“模块化—定制化—工程化”助力教师高效“转型”。

三、让教育传递幸福与美好：杭州天杭教育集团的跨省域教育联盟

杭州天杭教育集团（简称“天杭”）坐落于交通枢纽的核心地带——杭城东部。作为“新时代杭城名校”，学校在坚持内涵式发展的同时，在教育共富上也充分发挥着辐射带动效应。学校创办于1964年，前身为空军部队子弟学校，秉持“幸福地创造幸福”的办学理念，形成镜面式教育的办学特色。让更多人感受到教育的“幸福”和“情怀”，这是天杭对教育共同体的责任

和担当。近年来，汇集了天杭 60 年办学经验的《镜面式教育——学校品牌建设的天杭样式》一书在全国推广，天杭不遗余力地将这一得到充分成功验证和省市专家高度评价的优秀管理经验输送到新疆阿克苏、西藏那曲、四川剑阁等地，逐步探索出教育帮扶的“天杭模式”。

1. 办学初衷

治国之道，民富为始，共同富裕是全体人民的共同富裕，是人民群众物质生活和精神生活都富裕。推动共同富裕，教育是重要内容和重要推动力。基础推进教育高质量发展，让人民群众接受公平而有质量的教育，是推进共同富裕的基础。

2021 年，党中央赋予浙江高质量发展建设共同富裕示范区的光荣使命。作为共同富裕托底工程的教育，是满足市民基本需要的民生工程，是营造良好发展环境的基础工程。“高满意度、高幸福感”是天杭辐射优质教育资源、实现教育高质量发展的实力名片。

学校是创造幸福的地方，天杭人通过十余年的镜面式教育探索，秉持共同富裕的教育追求，不断做优自身，主动向外拓展优质教育资源，为实现教育均衡发展贡献天杭力量。作为上城区一所老牌九年一贯制学校，天杭一直把苦练内功、铸造品牌学校，并辐射周边，积极助推教育均衡发展作为义不容辞的办学责任，天杭也将用自己的“幸福”办学特色，创造教育共富的“温暖”。

同时，学校在练就内功、做优自身的基础上，还致力将本校优质经验、优秀师资向外输送，完成由人才“造血”到“输血”的转换，意在通过跨省辐射，将本校优质教学资源惠及其他教育扶贫学校，为实现教育共富发展发力，让更多的幸福传递出去。

由杭州全额援建的阿克苏市天杭实验学校，位于阿克苏市美丽的多浪河二期旁，是当地的一所九年一贯制学校。2019 年，杭州市教育局与阿克苏市教育局确定，天杭与阿克苏市天杭实验学校（简称“阿克苏天杭”）结对共建，实现跨越万里的幸福“牵手”。天杭和阿克苏天杭结成联盟，实现了教育这一重要的“软件援疆”。通过天杭的传帮带，将美好教育的理念引入阿克苏，生根、发芽。两个“天杭”的联盟是文化援疆的金名片。

两个“天杭”结成“天天”幸福美好教育联盟，共创“天杭新教育共同体”，天杭“镜面式研修”经验、天杭教师发展范式在阿克苏持续传播推广，既立足当下又惠及长远，既“雪中送炭”又“授人以渔”。

2. 路径探索

到 2022 年，天杭与阿克苏天杭结盟已有三年之久，这三年里，天杭深度参与阿克苏天杭各项活动，以镜面式教育为路径，实现了“理念文化共享，管理制度共享，教育资源共享”，用实力构筑品牌影响，展现了跨省域共同体的营造典范，实现了真正意义上的互补共赢，形成了跨省域教育联盟路径（见图 7-2-3）。

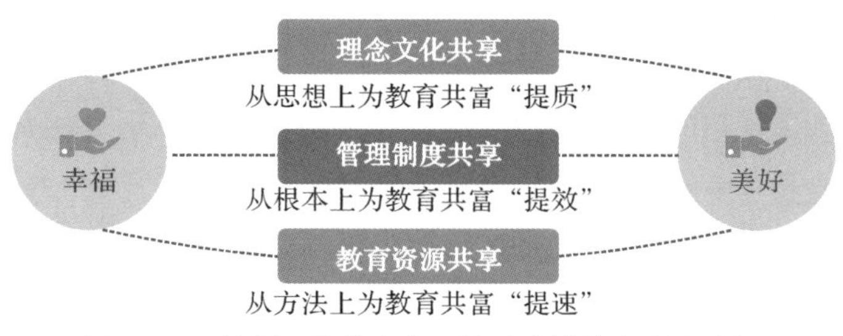

图 7-2-3　杭州天杭教育集团的跨省域教育联盟路径

一是理念文化共享，从思想上为教育共富“提质”。到 2023 年，59 年的历史积淀，必将为学校增添深厚的文化底蕴。好文化造就好学校，没有先进的学校文化引领，很难打造出特色品牌学校。唯有优秀的学校文化才能孕育出优秀的学校教育。

走进天杭各校区，便可看见大门或连廊墙壁上镶嵌着的“幸福地创造幸福”七个大字，这就是天杭教育集团的办学理念。走进阿克苏天杭实验学校，映入眼帘的是“美好地创造美好”七个大字，以“幸福地创造幸福”办学理念为镜面，阿克苏天杭提出“美好地创造美好”。从幸福到美好是有其原因的:

美好教育的基础首先是幸福，美好教育是幸福教育的升级版。两所学校相距甚远，却共用一种建校理念，无论是管理方式，还是教育理念，抑或师资队伍培养等，都有着相似之处。“天杭”寓意天山与杭州，更是杭州教育援疆的硕果。天杭走进阿克苏，是教育理念文化共享，是从思想上为教育共富“提质”，也是播下美好教育的种子，终将长成阿克苏的绚丽景色。

文化是学校发展的软实力，是教育的基本内核，是育人成才的根基，是师生行为的先导。在两所“天杭”里，“幸福”和“美好”是流淌在“天杭人”血脉里的文化基因。天杭以文化唤醒的方式，汇聚杭州与天山的精神文化，形成了阿克苏天杭实验学校特有的“美好空气”。

二是管理制度共享，从根本上为教育共富“提效”。学校的巨变来自精准的学校管理和强劲的执行力，具有前瞻性、可行性的学校管理制度是强校的基础。天杭以镜面式管理的经验跨省辐射，强调管理既要精细化也要人本化。阿克苏天杭实验学校传承着杭州天杭教育集团的人本化管理模式，提倡人文规范，充分彰显学校人文关怀。

以镜面式管理的方式，天杭“九年一贯”模式在阿克苏天杭得以复制，并形成自身的特色，在阿克苏天杭实验学校也可看到童真、少华、承华、思远四个学部，三段式管理的身影，最后逐步形成适应学校特色发展的内部治理结构，形成学校管理的完整网络。

在学校管理上，阿克苏天杭实验学校以镜面式管理为抓手，形成了“清单式”“流程化”的天杭管理特色，一招一式有样可依，强化“布置—执行—督查—反馈—矫正—评估”的计划执行系统，在盘点工作中梳理工作思路，总结工作经验和教训，推进学校内部治理，提高管理质量。

“管理制度”已不再是写在纸上的口号，而是深入每位师生心中，不是飘在天上的云，而是落到地上的雨，成为促进不同校区朝着共同目标努力的强大力量，同时，它也成为全国多地学校学习的秘籍。

近 3 年来，镜面式优秀管理经验不断地输送到阿克苏、西藏那曲、四川剑阁等地。同时，在阿克苏成立了首个以杭州教育人命名的名校长工作室，截至 2022 年，开展线上、线下管理经验交流 40 余次，总时长达百余小时，辐射影响了当地 1000 余位校长及其他教育管理者。

三是教育资源共享，从方法上为教育共富“提速”。教育共富，关键在人。天杭深知这一点，在教育帮扶上聚焦“队伍建设”这一撬动办学活力的关键因素，以队伍建设绘就“美好底色”，以镜面式研修模式，实实在在地为被帮扶地区（学校）培养了一批优秀师资，让用好“人才资源”成为强校的“加速器”。

群雁高飞靠头雁，选好带头人对于教师发展尤为重要。每年阿克苏天杭的管理干部都会来杭州跟岗锻炼，通过全面、全过程的学习、交流让这一批干部迅速成长。杭州—阿克苏“天杭”携手成立教育共富名师云端工作室，此举成为教育援疆工作的新典范。两地“天杭”以教育共富名师云端工作室联盟项目为载体（见表 7-2-3），树立一个名师，带动一门学科，带出一支队伍，产生一批成果，倾情输出“镜面式研修”教师培养成功经验，助力当地形成教师人才培养的孵化圈，形成援疆教育新范式。

表 7-2-3　教育共富名师云端工作室联盟项目

维度	“12345”项目内容	指向目标
课题	1 项研究课题	体现研究的高度
成长	2 张获奖证书	体现成长的速度
研讨	3 次线上交流	体现交流的频度
研修	4 次研修沙龙	体现研修的深度
教学	5 项精品资料	体现工作的精度

可以说，通过“镜面式研修”有效载体，构建“泛在”共享共培模式，共同富“育”卓越名师，人才“造血”功能让被帮扶地区（学校）的管理者和优秀骨干教师群体先“富”起来，实现师生的共同成长。

作为全市首批课程改革试点学校，天杭逐渐总结、提炼、打造出具有天杭特质的“1＋3＋X”幸福课程体系，交出了“1＋3＋X＝幸福天杭”的完美答卷。杭州天杭教育集团与阿克苏天杭结对帮扶以来，以课程变革绘就“美好未来”，用幸福“1＋3＋X”课程引领学校育人新方向，通过开展空中丝路课堂、天天美好云课堂、天天幸福云讲堂等一系列活动，加强了两地学生之间的交往、交流与交融，也让民族团结的思想深入每一位师生的心中。

3. 展望思考

跨省域的教共体，谱写了“教育共富”的新篇章。两校结对后，彼此间的交流与沟通更加有效，更加深入，不久的将来，两校会携手创造出更完整、有更多故事、更有温度、更有品质、更具有理想的教育模范，努力创造出属于杭州和阿克苏两地的幸福教育、美好教育。

（1）用品牌孕育名校影响。

阿克苏天杭是天杭开展幸福教育帮扶的一个缩影，天杭充分挖掘自身潜力，本着“互助共享，合作共赢”的原则，深入贯彻省、市、区教育部门教育大会的会议精神，精准帮扶，注重实效，用一次又一次幸福“牵手”，助推兄弟学校共同发展，助力增强两校师生的获得感、幸福感。不只是天杭实验学校，在整个教育援疆过程中，这样的杭州名校还有很多很多，它们将继续用品牌孕育名校影响，打造让人民满意的民生工程。

（2）用脚印书写教育情怀。

迢迢援疆路，殷殷支教情。一步一个脚印，天杭的幸福教育帮扶用真情，出实招，有实效，天杭的幸福范式走出浙江，走向全国。近几年来，一批像天杭这样的名校，与省内外数千所学校开展教育结对帮扶工作，用行动扩大品牌影响，用脚印书写教育情怀。未来，天杭将继续围绕“立德树人、培根铸魂”主题，紧扣铸牢中华民族共同体意识主线，深入实施“石榴籽杭阿美好教育示范线工程”，让幸福走进山区，走进每一位帮扶师生心中。天杭将杭州上城的美好教育带到阿克苏，让美好教育在天山脚下扎根成长、枝繁叶茂，让更多的人感受到天杭的“幸福”情怀，这是天杭人对幸福教育共同体的美好追求。

（3）用技术赋能教育共富。

天杭通过一月一次“云讲堂”、两周一次“云课堂”，以智慧同步的方式为阿克苏天杭师生传经送宝、答疑解惑。在过去的3年里，“天天美好云课堂”每年开展多达十余场，涵盖语文、数学、英语、科学、综合实践以及共青团、少先队活动。“云课堂”充分发挥教育信息化的能效，用理念来铺垫、用目标来凝聚、用活动来锻造，从而形成全方位、深层次、宽领域的“技术赋能”协作新机制，推动“教育共富”持续更新。在此基础上，天杭进一步加强教育援疆工作，为打造“杭派十五年美好教育示范线”夯实基础，促进了杭阿两地师生广泛交往、全面交流、深度交融。

习近平总书记在东西部扶贫协作座谈会上强调，要打造一支留得住、能战斗、带不走的人才队伍。此次跨地区集群的组建正是新形势下在教育领域对共同富裕所做的实践探索，真正实现集群内资源的无障碍调配与使用，有助于推动两地教育同发展、共进步，为高质量发展建设共同富裕示范区贡献教育力量。上城教育用心、用情、用智把“共富”二字写好，用民生温度绘就幸福刻度，打造了教育共富的上城样板，让一个个美好教育的“盆景”汇成天山之南一道绚丽的教育美景。

杭州市崇文实验学校教育集团、丁蕙小学的跨地域教共体、杭州天杭教育集团的跨省域教育联盟提供了推进教育共同富裕的上城样板。共创、共享和共生的区域联合办学模式，让更多的学生受惠，让更多教师受用，让更多家长受益，让教育传递更多的幸福与美好！

第八章
成效：打造教育共同富裕的上城样板

在共同富裕的背景下推进教育改革与发展，既能为共同富裕提供智力和人力支撑，也为人民群众提供更加公平优质的教育服务。名校集群的实践，是上城区继名校集团化后在基础教育改革与发展方面的新探索。上城教育以深化名校集群建设为载体，提升教育均衡度、优质度和国际化水平，打造了教育共同富裕的上城样板。这一实践，也给上城区的教育改革与发展带来了新的面貌，改变了以往由名校单向托管弱校的单一形式。上城区以整体思维进行顶层设计，尊重学校的办学自主权，加强校际互动，整合多种资源，联片带动一个区域的教育发展，实现了区域内教育均衡，更贴近教育现代化的理念。

第一节
变化：从“盆景”走向“美景”

⊙

以名校集群战略的实施为抓手，上城区致力于满足人民的教育需求、促进教育公平、提高教育质量，向着“美好教育引领区”的目标迈进。“十三五”期间，上城教育在区委区政府的领导和上级教育部门指导下，全面深化教育领域综合改革，落实立德树人的根本任务，区域教育实现了从扩大教育覆盖范围向教育优质均衡发展的跨越、从规范办学向品牌办学的跨越。区域教育现代化发展水平指数排名全省第一，学习型城市发展指数排名全省第一，率先建成浙江省基本实现教育现代化区，先后获评国家学前教育发展改革实验区、全国首批中小学校责任督学挂牌督导创新区、全国未成年人思想道德建设工作先进单位、国家级信息化教学实验区、基础教育国家级优秀教学成果推广应用示范区，首创的“星级家长执照”工程，入选全国家庭教育创新实践基地，为率先实现教育现代化奠定了坚实的基础。据统计，从 2014 年至 2022 年期间，上城区已斩获 6 项国家级基础教育教学成果奖、17 项浙江省基础教育教学成果奖，获得成果居全省前列。

一、办好每一所学校

上城区教育局积极推动区域内优质基础教育资源的共建、共融和共享，构建了跨层级、跨区域、跨领域的“名校集群”十大办学模式，巧妙地使上城区的学校、企业、人才等资源和优势最大化，实现强强联合或资源互补，努力让老百姓从“有学上”到“上好学”，实现了“名校就在家门口”这一目标。

1. 优质教育资源覆盖率持续提高

名校集群的运作，为不同学校共享教育资源提供了载体和平台。在资源共享的过程中，不同学校的教育资源彼此互通、互补，从而促进学校进一步提升教育资源的含金量。同时，名校集群运作的时期，正是上城教育高质量发展的时期，大量新校应运而生，名校集群使新校在办学之初就有了高起点。“十三五”期间，上城区委、区政府高度重视学校建设工作，区委、区政府连年将教育建设列入“为民办实事”项目，区教育局以办好人民满意的教育为目标，以构建“美好校园”为载体，创新实施学校建设“四个提前、三套标准、两大机制”，实施学校建设项目 81 个，其中建成交付使用学校 61 所（九年制学校 3 所、初中 5 所、小学 18 所、幼儿园 35 所），旧校提升改扩建学校 10 所，总投资共计 51.6 亿元，新增校舍总建筑面积 80 余万平方米，新增班级 1301 个，区域教育资源总量大幅度增加，全面保障适龄户籍儿童和符合条件的随迁人员子女入学入园需求。全区学校均达到浙江省标准化学校要求，中小学大宗食材统一配送率、定点采购率、智能厨房建设率、学校教室空调安装率均达到 100%。

2. 教育理念得以传承和创新

学校文化战略策划体系中所指称的教育理念，是学校依据自身办学的核心价值观对教育活动内在规律作出的认识与解读，是对教育行为特有的基本态度，是从事教育活动的信念。它是在本校语境中思考和回答“教育究竟是什么、如何实施、它有什么价值、如何更好地实现它的价值”等问题过程中形成的一种观念，而这种观念具有根本性。区域名校文化的发展，是名校运用自身文化的精神基因与实践系统的运行理念，有计划有组织地引领区域学校的文化建设与实践变革，在实现不断超越自身文化的同时，带动和影响区域内不同学校发掘优势领域，建设强势发展项目，提升区域学校品牌影响力的集群发展。教育理念决定着学校教育的方向和方法，决定着学校的未来。名校集群中，成熟的学校已经在多年的办学实践中提炼出了先进的教育理念，并在实践中取得了成功。这些教育理念就在名校集群中得到了传承。当然，在名校集群运作过程中，并不仅仅传承教育理念，还须尊重各个校区（学校）的特点，充分尊重并发展各个学校的特色。

二、成就每一位教师

上城区始终坚持把人才队伍现代化作为教育现代化的核心，重视师德师风建设，建立健全师德教育、宣传、考核、激励、惩处、检查、保障等机制，进一步提升教师职业道德水平；建立教师收入随公务员收入调整的联动机制，切实提高教师待遇，确保教师平均工资收入水平不低于或高于当地公务员平均工资收入水平，进一步加大名优教师激励力度。

1. 优质教师培育“活起来”

上城区积极实施“一新两锐”教师培养工程，完善“五阶段、五梯队、多维度”教育人才多维生长平台，制定出台《上城区教育人才“梧桐”计划实施办法》，创新实施教育系统“钱塘师表”“金奖班主任”“银奖班主任”等激励举措，不断优化人才队伍培养体系。上城区激发教师对职业理想的追求和自主学习的动机，打造区域助力教师成长的“上城模式”，连续多年获得全省中小学教师专业发展培训绩效考核第一名，荣获“全国教师队伍建设十大优秀案例”

荣誉称号。

5 年 360 个学时的点单式学习，是浙江省中小学教师继续教育的“标配”，而上城区正是这项改革的发源地。上城区教育局党委书记、局长项海刚指出：“从‘要我学’到‘我要学’，培训模式转变的背后是对教师成长规律的尊重和思考。”上城区为教师提供海量的学习菜单，给教师提供了选择的机会，同时，不断推出教师职业生涯的“私人订制”学习，比如针对新教师推出“相约星期二”培训。2022 年刚入职的教师范蒙蒙，每周二晚上都会来到上城区教育学院，等待她的是一系列专业素养提升课程，她曾感慨地说：“局长讲师德师风，名师教我们如何跟孩子相处，课程主题很有针对性。”

在上城区，教师成长轨道分为“新苗、新秀、能手、风华、红烛”5 个阶段，每个阶段设定相应奖项，分别覆盖 30%的教师。比如，3 年教龄以内申报“新苗奖”，4—10 年对应“新秀奖”。每个阶段单独申报，历史获奖情况不作为必要条件，让教师“跳一跳够得着”。“新苗”侧重学习，“红烛”关注职业荣誉感。针对年富力强的“新秀”“能手”，则是多压担子，以赛代训，提升教学的实战力。上城区教师多次荣获全省班主任技能大赛一等奖，这跟教师平时的苦练是分不开的。

“五阶段”构成名优教师成长的第一平台，继续向上又有区学科带头人、区特级教师、省特级教师与国家“万人计划”教学名师等。尤其是区特级教师，上城区参照省特级教师的标准评出，既发挥名师效应，也为今后参评省特级教师储备人才。找准路径，拾级而上，上城区的名师队伍不断壮大。区委教育工作领导小组定期组织人才激励政策的专题研究，保障教师平均工资收入水平不低于或高于公务员平均工资收入水平，统筹部分专项资金用于名优教师的奖励。“校校有特级”是上城区追求教育优质均衡的理想状态。

截至 2022 年底，全区教育系统共有享受国务院政府特殊津贴者 1 人、享受市政府特殊津贴者 8 人、全国优秀教师 7 人、国家“万人计划”教学名师 1 人、杭州市“万人计划”教学名师 3 人、在职省特级教师 49 人、区特级教师 94 人、区学科带头人 596 人、区“五阶段”获奖教师 3077 人，区三星级班主任 32 人、区二星级班主任 210 人、区一星级班主任 644 人。

2. 校长教师交流轮岗“动起来”

校长教师的交流轮岗是加强农村学校、薄弱学校校长教师的人员配备，破解家长、学生的择校难题，推进义务教育均衡发展，促进教育共富的重要举措。作为全省首批义务教育学校教师校长交流工作的试点区域，上城区教育局充分认识到校长教师交流轮岗对于优化教师队伍结构、激发教师活力、促进区域教育均衡发展的重要意义，因此努力创新工作机制，借助名校集群发展，扎实推进校长教师交流，促进区域内师资均衡配置，致力于实现义务教育的优质均衡发展。上城区在工作推进过程中主要遵循“四个有利于”原则：一是有利于区域范围内人力资源的均衡配置；二是有利于干部教师队伍的整体建设；三是有利于学校的领导班子建设和教师队伍结构的进一步优化；四是有利于校长和教师个人的专业发展。

根据《关于推进县（市、区）域内义务教育学校教师校长交流工作的指导意见》（浙教人〔2013〕70 号）等文件精神，区教育局对《关于进一步加强中小学校长教师交流工作实施意见》进行了修订，进一步统筹区域总体情况，结合学校教师年龄结构、职称结构、人才队伍建设等情况，在聘用聘任及岗位设置工作中，通过宏观调控和激励政策引导教师合理流动，促进师资均衡配置。2020—2022 年，全区共交流教师 1334 人，交流校级干部（含副校级）146 人。

区别于传统的“支教”“交流”等合作模式，在教育集群内部注入优质教育资源，其实质是使被帮扶学校和优质资源注入主体之间形成互助共生的关系，并辅之以制度化的运作与考核流程，让资源注入成为可持续运作的循环系统，从而更有利于新校、名校的自我成长。

三、教好每一名学生

教育集群的最大受益者是学生，他们得到了多元发展，综合素养得到了提升。任何教育改革的最终目标都是促进学生的发展，实现学生综合素质的全面提高，上城区推进名校集群的建设也不例外。实践表明，名校集群的建立，有效促进了学生综合素质的提升，涌现了一批实践典型。

1. 学生综合素养高位提升

名校集群实施以来，各校均按计划定期开展学校管理、课堂教学、校园文化、教育科研等不同层面的研讨活动。同时，各校通过开展抱团研修、合作创优的活动，交流范围更加广泛，活动形式更加多样，活动内容也更加丰富。所有这些活动，在有效促进教师专业成长和提升学校教育教学质量的同时，使学生的综合素质得以高位提升。2020—2022 年，上城区学生在国家、省市级各类体艺科竞赛中屡屡获奖，居全市前列（见表 8-1-1）。

表 8-1-1　2020—2022 年体艺科竞赛获奖一览表

年度	类别	国家级 / 项	省级 / 项	市级 / 项
2020 年	体育	4	15	98
	艺术	6	29	326
	科技	9	15	390
2021 年	体育	13	37	152
	艺术	1	63	131
	科技	5	158	126
2022 年	体育	0	20	101
	艺术	2	55	180
	科技	12	836	0

注：2022年数据统计截至9月。

实施教育集群以来，不仅在体艺科竞赛方面成果丰硕，学生的发展也呈现出良好的态势。浙江省中小学教育质量综合评价 2021 年小学监测报告显示，上城区的学生发展指数包括行为习惯、学业达标、高层次能力、学习动力、学习习惯、学习方法、劳动实践、实践应用、信息素养、运动习惯、同伴关系、主观幸福感、学校归属感这 13 项指数，均优于市平均值。

2.“三健”行动护航学生身心健康

学生的生命安全和身体健康，是学生发展的首要前提，也是推进健康城区建设的一项重要任务。为此，上城区积极推进提升“体质健康、视力健康、心理健康”的“三健”行动；按照“三个 100%”的目标创设健康校园环境，即学校卫生室（保健室）和省级心理辅导标准站配备率 100%，学生养成科学健康运动习惯的达标率 100%，每年对学生开展心理危机筛查和体质健康、视力健康监测的覆盖率 100%。

在上城辖区内，各中小学健康教育开课率达到了 100%，一个个医疗专家进入校园，为师生开展健康知识科普讲座，多途径、立体式、全方位开展健康教育；食育上，通过提高餐饮质量、开设食育课程、组织食育活动，着力营造校园食育文化，帮助孩子养成良好的饮食习惯；体育上，汇编《百团大赛，百舸争流》双百赛事指导手册，大力发展校园三大球运动，每年组织全区中小学阳光体育大课间展评，推进中小学生体育“双 2 十”工程；防病上，建立学生健康体检档案，增强对常见病的防控能力。

作为全国首批儿童青少年近视防控试点区，上城将综合“防近”作为“立德树人”“五育并举”的着力点，依托“星级家长执照”自建平台，指导家长学习科学用眼护眼知识，改变“重治轻防”观念，从源头上减少儿童青少年近视的发生、发展。全区投入财政经费 2630 万元，累计对 900 余间教室开展照明设备改造工程，中小学可升降桌椅总采购量 10.2 万套，配备率已达 100%……一项显著的成绩是，2018 年到 2022 年 9 月，全区总体近视率下降了 8.58 个百分点。

关注、关心、关爱学生的心理健康，是上城区健康浙江建设的又一个亮点。

上城区采取专用心理教材和校本开发的个性化心理课程，落实心理辅导课，各中小学每班每月必须开设 2 节心理课，被认定为浙江省中小学心理辅导一级站的学校每周必须开设 1 节心理课。为提升心理骨干教师和班主任心理课的教学实效，区域层面开展了专题心理辅导课的研讨活动，组织开展团体心理辅导课教学设计评比以及课堂教学评比。上城区加强心理辅导站长队伍、“全员心育”工作队伍、专职心理教师队伍建设，以区块组班和集中组班的形式开展七期培训班，截至 2021 年底，共计 2100 位教师获得浙江省中小学心理健康教育教师上岗资格证书（C 级）。

在区域师生的共同努力、持续发力下，2021 年上城区中小学生体质健康检测优良率 79.45%，远超健康浙江优良率 60% 以上的指标要求；达到省健康促进学校标准的中小学校比例占 72%，2021 年新创建健康促进铜奖学校 11 所、金奖学校创建 1 所、金奖复评学校 2 所。

四、幸福每一个家庭

教育是最大的民生，实践教育共富需要不断关注家长的燃眉之急，为他们提供切合实际的帮助。上城区积极推进“托幼一体化”举措，解决幼儿入托难、入托贵等问题。2022 年 9 月，上城区通过腾挪、挖掘、盘活杭州市景辰幼儿园、杭州市胜利吟潮幼儿园等 38 所幼儿园开设托班 58 个，提供托班学位 1156 个，比 2021 年同期托位数翻了一番，并且覆盖全区 14 个街道。上城区率先推出“长幼随学”措施，以解决二孩家庭接送难问题，对不同家长的民生需求及时作出回应。

1. 持续推进“入学零次跑”措施

2018 年，上城区教育局率先在部分公办小学开展“入学零次跑”试点，取得了良好的社会影响。依托杭州市教育局的无纸化报名管理系统，辖区内适龄儿童的家长只需在系统中进行登记和报名，学校通过系统后台数据比对和家访信息核查，对符合入学条件并确定录取的新生，学校会通过 EMS 等邮递方式将录取通知书寄送到其家中，无须家长再跑到学校领取，实现“零次跑”完成入学全过程。2022 年，上城区聚焦“数字化改革”，进一步优化程序、简化手续，全面升级“入学一码通”服务平台，覆盖全区 45 所小学，近 5000 户适龄儿童家庭实现“入学零次跑”。

2. 全国首创“长幼随学”举措

近年来，随着二孩、多孩的家庭越来越多，一些家长面临孩子接送的难题——两孩不在同一个学校入读，导致接送存在困难。为切实解决家庭的实际困难，上城区教育局全国首创多孩“长幼随学”的入学入园新举措。比如，多孩家庭子女入学，二孩享受同类情况优先录取、三孩享受直接录取政策；也可根据家长意愿和资源情况，安排长子转学至幼子所在校就读，减轻孩子求学和家长接送的负担。上城区实施“1 + 2 + 3”长幼随学模式，制定《上城区“长幼随学”申请流程图》《上城区“长幼随学”政策十问十答》等实施细则，开通“入学一码通”线上申请和现场信息核验、线下申请的双轨路径，以“长随幼”“幼随长”“长幼同调”三种形式，让暖心举措落到实处。2022 年秋季新学期，上城区共有 27 名初中生、913 名小学生、284 名幼儿通过“长幼随学”政策，与兄弟姐妹同上一所学校或幼儿园，这一举措有效增强了辖区居民的教育获得感。

3. 课后服务展现新样态

推进“双减”改革，切实减轻学生学业负担，缓解家长焦虑情绪。依托“数智化”课后服务管理系统，进一步优化中小学课后服务新样态，实现“校校均有课后服务、有课后服务需求的学生均得到满足、课后服务学段全覆盖”三个 100% 全覆盖，全力打造上城学子的高品质“学后乐园”。2022 学年第一学期，全区 96.48% 的小学生、90.91% 的初中生已选择参加课后托管服务，

7233 位中小学教师参与课后服务管理。各校在用好校内教师资源的同时，引入 1391 位行业能工巧匠、家长志愿者、社会公益人士等和 82 家非学科类校外培训机构，协同开设多元化的课后服务课程；同步挖掘学校周边劳动实践基地、海洋馆、消防站、社区儿童之家等场馆资源，拓展课后服务新格局。2022 年 7 月，“双减”一周年之际，浙江省教育厅评选出浙江“双减”年度十佳样本，上城区有 8 所学校的创新做法入围。其中，浙江省教育科学研究院附属实验学校的“作业健康码”登上了首批浙江“双减”年度十佳样本名单。

教育是共同富裕建设中的优先任务与核心举措，也是助推共同富裕实现的重要动力和重要内涵。公平接受优质教育，促进人的全面发展是共同富裕的题中之义。“民有所呼，我有所应；民有所求，我有所为。”共同富裕背景下的教育集群，有效地回应了群众关切的问题，切实解决了家长的实际困难。

随着上城教育影响力越来越大，省内外教育部门主动要求到上城区取经。业内专家学者高度认可上城教育发展现状，整体提升了区域教育的知名度和影响力。优校、优师、优学构成了上城教育高质量发展的基本生态。上城区作为基础教育国家级优秀教学成果推广应用示范区，以名校集群为重要引擎，为提升教育现代化发展水平领跑全省。办好每一所学校，成就每一位教师，教好每一名学生，幸福每一个家庭。上城教育，一路奔跑。

第二节
展望：推进教育共同富裕的再思考

⊙

党的二十大报告指出：“中国式现代化是全体人民共同富裕的现代化。”高质量的教育，在促进每个人全面发展的基础上，让每个人的潜力都得到发展，增加每个人的收入，为实现共同富裕奠定人力资本基础。教育在推进共同富裕的进程中具有基础性、先导性与全局性作用。让每个儿童享有公平而有质量的教育是长期以来教育改革发展的内在要求，是教育高质量发展的应有之义。进入新发展阶段，教育高质量发展有着更加丰富、更加体现时代要求的内涵。共同富裕背景下的基础教育绝不仅是一部分学生的学业进步，绝不仅是个别学校的质量提升，也绝不仅是一地一校的突飞猛进，而是所有中小学校办学育人水平和教育教学质量的整体提升，是让全体学生公平享受优质的教育。上城区创新实施的“推进名校集群化，促进教育优质均衡发展”项目成功入选杭州市争当浙江高质量发展建设共同富裕示范区城市范例首批试点，积累了一些可资借鉴的经验，可以持续推广，并上升为新的政策举措。

一、教育共同富裕的系统设计与机制建设

上城区创新的名校集群办学机制，提高了办学效益，整体推进了区域教育优质均衡发展，初步满足了老百姓在家门口就能上好学校的愿望，初步实现了“名校就在家门口，名师就在我身边”的目标，开启了打造优质均衡、人民满意的美好教育引领区的新征程，推动了教育共同富裕的进程。但教育共同富裕具有长期性和复杂性，需要教育工作者不断提高认识。为了进一步整体推进区域教育共同富裕，我们还需要借鉴优秀经验，反思目前的做法，不断谋划，不断完善教育共同富裕的系统设计与机制建设。

1. 完善管理机制，以供给侧结构性改革实现一体化管理

名校集群从严格意义上来讲并非独立的教育管理机构，而是一种半官方、半民间的自发群体，由区教育局组织、集群内各学校协商管理的方式进行，在人事、财务、考核、统筹管理等方面需要进一步完善。首先要深化供给侧结构性改革，名校集群化办学指向构建高质量教育体系，教育行政部门需要制订有关评估的顶层设计和总体工作方案，各集群学校可根据实际情况制订操作细则，同时要完善集群化办学的准入和退出机制，重构基础教育办学格局和体系。其次要加快支持系统升级，集群化办学的核心是管理一体化，各集群的操作模式有所不同，需要的支持系统也各有不同，这就要求行政部门制订弹性的学校管理政策和制度。

名校集群化办学在一定程度上是为了更好地实现优质教育资源扩张，提高薄弱学校的教育质量，提升区域教育的整体竞争力。推动名校集群化发展，需要内外联动，一方面，要激发薄弱学校的内生动力，另一方面，要加大外部支持与帮扶的力度，将优质教育资源辐射到薄弱学校。同时，要尊重优质学校和薄弱学校之间的差异，并努力缩小差距。在集群化办学过程中，需要探索个性化的改革实践，有很多内在的机制需要生成、建构，如果没有完善的扶持保障机制就很难实现。针对不同发展阶段的名校集群应该给予个性化

的支持，在专家支持、定期评估、规律研究、物质保障、公共关系支持等方面给予持续帮助，建立明确的信息链、指令传达通道及风险分担机制。

名校集群内既有优质学校，也有新校与弱校，以强带弱共同发展，形成提升区域教育优质均衡的学校发展模式，是教育领域“先富带后富”的生动实践，这些新校与弱校就成为优质教育发展过程中应当重点扶持的对象。在名校集群的实施过程中，学校需要持续得到创作经费和工作经费的支持。在教师培训、师资建设等方面予以倾斜，为集群内的新校、弱校的快速发展增添动力。当然，这些帮扶在“帮”难点、“扶”堵点、“助”要点等的精准帮扶机制上还要规范化与系列化，相关长效机制还要在长期的实践中进一步探索与完善。

2. 完善实施机制，以教师的均衡共富实现教育质量的均衡共富

教师是影响办学质量的关键因素，没有好的教师队伍，教育的一切将无从谈起。因此，教育均衡的主体必然从学校均衡转变为教师均衡，只有实现了区域内每一所学校教师发展的共同富裕，才能实现学校发展的共同富裕，继而实现区域范围内的教育均衡和教育共同富裕。今后的教师，不仅是“校内的教师”，更是“区域内的教师”，为了实现区域内教师高位均衡发展，需要构建与完善以“区管校聘”为基础的区域一体化教师人才队伍培养与流动机制，促进教师的专业成长和自主发展，以此提升区域内教师整体的素质，实现区域教育质量高位可持续发展。

加强教师合理流动，注重优质学校师资的“输血功能”，积极发挥骨干教师的引领的作用，向其他学校派驻一定比例的干部、骨干教师，发挥榜样示范、带动引领作用。同时加强人才整体培养，增强各学校师资的“造血功能”，单靠优质师资的“输血”对于学校的可持续发展来说是杯水车薪，要想真正实现全体学校的可持续高位发展，更需要在教师队伍建设上实行统一的培养机制，形成共生共融的发展模式。通过“青蓝工程”、名师工作室、年级组大教研、联合教研、学科诊断等多种形式为各校教师创设专业成长的平台，

为集群教师成长赋能。加强人才引进，扩大优质师资“蓄水池”，发挥优质师资的品牌优势，外引内培，广纳贤能之士，注入优质“新鲜血液”。

2022 年 3 月，上城区教育局印发了《关于进一步加强中小学校长教师交流工作实施意见》，强调校长教师交流工作要以实现义务教育高水平均衡发展为目标，结合“区管校聘”改革，合理配置教师资源，优化教师队伍学科、职称和年龄结构，实现每所中小学都有区学科带头人及以上领衔教师。上城区通过构建科学、规范、有序的中小学校校长教师交流机制，提升教师队伍整体素质，优化中小学教师资源配置，促进教育高质量发展。在区域教育发展规划指导下，加强教师队伍交流计划管理，教师交流持续向“三缺两新一普”方向流动。“三缺”即编制满员学校向空缺学校流动，岗位设置中、高级专业技术职务满岗学校向空缺学校流动，名优骨干教师、成熟型教师相对集中学校向缺少学校流动；“两新”即老学校向新学校流动，老城区向九堡、彭埠、笕桥、丁兰等新城区流动；“一普”即向区域内认定的普通学校流动。同时文件对提升交流教师待遇作了规定：对在目前教育较薄弱地区任教的教师，增加地域性绩效奖励，纳入教师工资总额；对交流到教育较薄弱地区的教师，交流服务期间，可按规定享受专项津贴；骨干教师交流可根据荣誉、职称及发挥的作用享受指导型任务津贴。

总之，区域要用好优秀校长、骨干教师，使得优质教育资源在区域统筹的基础上，在全区各类型学校实现合理科学的分布，为区域教育优质均衡推动教育共同富裕发挥重要的保障作用。

3. 完善评价机制，以评价方式转变实现集群捆绑式发展

《杭州市上城区教育事业“十四五”发展规划》在“探索共同富裕建设新范式”中指出：“聚焦‘浙江高质量发展建设共同富裕示范区’奋斗目标，系统谋划区域教育的高质量均衡，靶向探索新一轮名校孵化发展定位……加强第三方评估体系建构，组建教育‘新共同体’发展评价委员会，引入第三方评价方式，制定考核评价的结构量表和指标体系，对联盟内每一所学校的

发展增量实行捆绑式评价。”上城区致力于建设集群大数据平台，建立大数据评价模型，利用大数据、区块链、人工智能技术对名校集群教育的各领域实施过程性评价、诊断性评价，精准推进集群的机制建设、师资优化、文化创新与效益提升。

对名校集群的评价可以从四个维度入手。第一是集群管理制度与运行机制健全有效，包括集群发展愿景、使命、目标、价值取向、发展规划、运作体系；集群近期、中期、远期的发展规划；集群有效整合的办学要素，形成合作高效的团队；集群内各学校共性与个性并存的创新制度设计与运作体系建设等。第二是集群干部教师队伍质量提升，包括名校集群内教师队伍专业化建设；优化师资配备，实施集群内部、集群与集群间的教师交流；骨干教师、名优教师的培养；以集群为单位开展教育教学研讨、教育教学研究、学生主题活动等。第三是集群文化得到融合优化，包括集群内部的文化资源优化、整合与共享，集群文化建设有丰富的载体和呈现方式，在共同文化的基础上各校的校园各具特色，文化氛围浓厚、文化实践与文化活动丰富而有实效；集群内数字化网络畅通，数字化平台得以互通，运用数字化手段使得在学校管理、课程资源、教学活动、学生活动等方面实现共享互惠；集群经费的有效使用，集群内各学校环境、办学条件的改善等。第四是集群办学水平和社会效益的提升，包括集群内共同开展与实施课程改革，开设具有集群特色的区域课程、校本课程；集群建立线上线下整合的教学展示与交流平台、学生活动展示与交流平台、教育教学成果展示与交流平台；建立对集群内各学校的评估体系；集群及各学校的家长满意度与社会美誉度的提升；集群内各学校的示范性与辐射性的加强；集群工作的创新性与自主性的提高等。

名校集群化办学要积极探索以教育评价改革为牵引，全面推动育人方式、办学模式、管理体制和保障机制更新升级，引导学校全面育人、科学育人、整体育人，引导教师潜心教学、精心育人。要紧紧抓住提高教育教学质量的根本之策，深化“双减”工作，落实“五项管理”，着眼于新课程、新教材改革，着手于课堂教学优化，着力于教学方式变革，积极探索新时代教育教学方法。要着力加强高素质专业化创新型教师队伍建设，突出师德师风和教师综合素养，提高教师教书育人的本领和能力。要顺应“互联网+”发展趋势，探索基于新技术的教育教学新模式，重在应用，特别是教育大数据的使用，实现教育信息化从融合应用向创新发展的高阶演进，构建“互联网+教育”新生态。

二、深入推进教育共同富裕的未来愿景

伴随着我国基础教育从解决“数量与规模”问题向解决“质量与内涵”问题转换，老百姓对“上好学”的渴望越发强烈，一体化办学成为近年来基础教育学校推进教育资源优质均衡发展的重要手段。随着杭州市行政区划的调整和融合，上城教育提出了高品质促进教育优质均衡发展的新构想：持续提高教育优质均衡水平，进一步缩小校际差异，丰富优质教育资源供给，扩大优质教育资源覆盖面，探索优质师资流动机制，实现区域教育持续“全链条”领跑。

1. 以教育现代化助力共同富裕

教育是共同富裕的奠基工程，必须通过建设高质量现代化的教育体系，开发和提升人力资本，让人人都有公平的人生起点，让人人都能通过自身努力获得体面就业、提升收入的机会。《中国教育现代化 2035》提出了八大理念：更加注重以德为先、更加注重全面发展、更加注重面向人人、更加注重终身学习、更加注重因材施教、更加注重知行合一、更加注重融合发展、更加注重共建共享。浙江省委办公厅、省政府办公厅公开发布的《浙江教育现代化 2035 行动纲要》和《加快推进浙江教育现代化实施方案》部署了实现高水平教育均衡的战略任务，不但在发展指标中明确要求“义务教育优质均衡比例要达到 100%”，而且要求“校际优质教育均衡系数下降”。也就是说，高水平均衡要由区域内向区域间拓展，要由区域均衡向校际均衡过渡，实现

教育的融合发展和教育的共建共享。

教育改革步入深水区，改革进程受到教育生态的更大影响。形成良好教育生态的关键是家校政社协同育人机制的搭建。上城教育在教育现代化体系建设中，贯彻落实一体化发展新理念，与时俱进，乘势而上，通过跨界融合来实现创新驱动发展。积极营造协同育人新环境，探索构建区域教育治理从“管办助评”四位一体到“家校政社”四方协同的发展新格局。积极创建政府多元智治，由政府牵头，统筹部委办局、社会组织、行业协会、个人等有教育服务能力的各方力量参与育人过程。充分发挥学校的主体作用，强化学校教育主阵地作用，打开校门办教育，建立学校治理委员会，持续扩大“学习中心”建设，积极探索未来教育新模式。以全国家庭教育创新实践基地为抓手，全面推广应用“星级家长执照”成果，组建以社区为单位的“星级家长俱乐部”，将社区内的活动资源链接到“淘活动”平台，引导亲子共同参与志愿服务活动。加强资源整合共享，依托各类社会场馆资源，实施馆校合作计划，建立社区达人资源库，充分发掘能工巧匠、“非遗”大师、行业精英参与到学校教育之中。

与此同时，上城教育积极推进教育资源配置从简单均等迈向积极差异，推动未来教育发展场景建设。进一步加大经费投入力度，实现师资、设备、图书、校舍等资源在全区均衡配置。积极推进“未来社区”建设，统筹挖掘社区内的文化设施、公共用房、楼顶花园等空间资源，有效利用社区周边的博物馆、科技馆、美术馆，把学校建设成为社区中的“无边界”未来校园，打造资源整合、技术赋能、共建共融的未来教育场景。探索创建以片区为单位的学习场域，通过基础设施的改进，系统规划一批体育场馆、学习中心、创新实验室，打造以学生为中心的现代化学校，实现片区内学校的资源共享。重视校园文化建设，持续优化校园空间布局，科学设计校园景观空间、厕所文化空间、托幼一体化空间，打造有美感、有细节、有个性、有温度、有故事的美好校园，提升校园文化的育人作用。

2. 以教育可视化展现共同富裕

上城区充分利用可视化技术具有的清楚呈现知识、积极调动人的视觉经验、有利于资源共享等多种优势，在教育评估中将评估指标可视化、评估方法可视化、评估过程可视化、评估结果可视化，让教育发展的成效显现出来，让社会与家长能直接感受到学校发展的优劣。上城区除了坚持对学校占地规模、校园设施、图书馆、计算机室等硬件设施和学业成绩等数字化指标进行量化评估外，还要对学校办学理念、使命愿景、学生支持服务、教师专业发展、学校组织与领导、课程与教学以及家校社协作等方面难以用数据来衡量的内容进行质性评估，将量化评估与质性评估充分结合，建立和完善科学、可行、具有导向性的评估体系，将所有的评估内容具体化，细化成细则条目，充分利用评估内容的指向作用引领集群学校显著性进步，以期通过评估评选出真正发展全面、表现优异且能代表区域高水平的学校，使其成为示范校，再以示范校引领集群发展，形成以评估促发展的良性发展模式。

上城区在可视化评估的方法上坚持政府督导评估与学校自我评估相互补充。上城区充分调动集群学校在评估活动中的积极性，集群内优质学校不仅要为学校自评活动制定全面、翔实的标准及具体操作步骤，还要引领其他学校的自评活动，以此推动各学校自评活动的有效开展。学校自我评估标准，从“学校目标与使命”“课程与教学”“成功的指标”等维度制订，并具体细化为“学校组织与管理”“教师专业发展”“学生学习支持”“学校发展规划”以及“学校、家庭与社区协作”等具体指标。上城区将政府督导评估与学校自我评估相结合，对学校的现状与发展作出准确的评判，在评估中为学校的发展与提升作出相应的谋划，使得评估过程看得见、评估结果看得见、评估作用看得见。

上城区探索实施增值教育评价，形成校校有活力、人人都成才的动力机制。教育高质量发展，无论是为了推进公平还是提高质量，都需要充分激活每所学校的办学活力与发展潜力。将那些教育资源丰富的优质学校与基础较为薄弱的学校区分评估，实行两套标准分别评出“优秀典范学校”和“进步典范学校”，关注那些基础较为薄弱的学校在一段时期内发展变化的幅度，从而做出更加公正、理性的判断。通过增值性评估，看到被评估学校所具有的潜力，找出更具示范意义和价值的学校，同时也有助于薄弱学校获得更多的发展机遇，增强它们对于自身成长进步的信心和动力，充分肯定学校、教师对学生素质进步所付出的努力、所取得的成效，从而激发学校特别是生源不占优势的学校的前进动力，也促使每个学习者的潜力得到充分开发。

3. 以教育数字化赋能共同富裕

当前，世界正经历百年未有之大变局，新一轮科技革命和产业变革正在加速拓展，带动大数据、云计算、人工智能等新一代技术广泛应用到教育领域，为教育改革创造有利条件。我国正积极发展“互联网＋教育”，推进教育新型基础设施建设，建设国家智慧教育公共服务平台，创新数字资源供给模式，丰富数字教育资源和服务供给，深化国家中小学网络云平台应用，发挥国家电视空中课堂频道作用，探索大中小学智慧教室和智慧课堂建设，深化网络学习空间应用，改进课堂教学模式和学生评价方式。充分利用网络打破时间空间限制的能力，运用大数据、人工智能、虚拟现实等技术实现教育的优质均衡发展。

“十四五”期间，上城教育肩负高质量发展建设共同富裕示范区教育排头兵的使命，厚植优势，高位谋划，向改革要动力，以改革激活力，在综合评价、数字化改革、协同治理等领域不断完善体制机制，扎实推进重点项目改革，以数字化改革推动教育共同富裕。上城区是国家信息化教学实验区、浙江省“数据驱动教育教学”试点区，教育现代化指数居于全省前列，将围绕“优质均衡、人民满意的美好教育引领区”建设目标，开启信息化教育发展全省持续领跑新格局。

建构技术支持的课堂教学范式，推进信息技术与学科教学深度融合，培养学生思维品质与创新能力是上城区重大教学改革创新项目。创新项目包含依托互联网技术建设区域学习中心群落，利用网络同步课程、虚拟教学社区等，基于学校特色课程优势开展走校选课，为学生的个性化发展提供丰富的学习资源。通过体验式、项目化和混合式等多样化的学教方式，满足学生差异化成长的需求。上城教育持续优化区域智慧教育生态，推进信息化基础设施与应用环境建设，变革教育资源供给方式，盘活教育信息化资源，开展研训一体的教师信息技术应用能力提升工程 2.0 行动，全面提升师生的信息素养。

上城教育不断完善区域数字教育资源公共服务体系，以之江汇教育广场为数字资源中枢，构建自我优化的智慧教育云平台生态体系，促进教研的创新与改革；通过搭建功能完善、开放灵活的教育资源公共服务平台，依托平台开展名师工作室、精准备课、精准授课等应用的常态化使用，实现资源服务区校一体化发展，推动上城区教育管理和学习方式的变革，加快实现教育现代化；全面开通智慧校园服务，实现区、校两级一体化建设，按一校一品或者一校多品的方式，优化智慧校园特色应用、校本资源及硬件环境，同时，打通社会公益精品资源，从而实现管理增效、教学增效和质量提升的目标。

上城教育构建“五育融合”的学生本位新评价体系，利用大数据、人工智能、区块链等信息技术，加强对学生的过程性、多维度评价数据采集，形成纵向覆盖全学段、横向涉及全要素的综合评价方案。推动数字引领的教师培养新模式，以职业生涯规划为基础建立教师发展电子档案夹，引入大数据精准教学、课堂观察室、上城之江汇教育广场等项目开展教学研究，助力教师队伍建设和名优教师培养。打造“数智”驱动的教育决策新中枢，建设学生、教师、家长、学校、行政部门“五位一体”的教育数据专题库，搭建政府、业务部门、学校三级驾驶舱，为教育决策提供多方位、全局性的支持。

4. 以教育国际化推进共同富裕

中共中央、国务院印发的《中国教育现代化 2035》重点部署了面向教育现代化的十大战略任务。作为重点部署的任务之一，教育对外开放的总体要求是开创教育对外开放新格局，为教育国际化的发展指明了方向。随着我国教育对外开放程度的不断提高，基础教育的国际化水平也逐步发展。随着国家“一带一路”倡议的进一步实施以及“人类命运共同体”理念的深入践行，教育对外开放有了新的时代使命，基础教育的国际化是必然趋势，教育工作者应充分利用国际交流与合作的平台，探索出一条基础教育国际化发展的科学之路，推进教育国际化，助力高水平教育共同富裕。

上城教育始终保持高位均衡发展。未来五年，对标上城区“全面建设独具韵味的国际化现代化共同富裕典范城区”这一目标，上城教育必须主动开创新发展格局，对内实现资源重新分配和要素重组，对外建成一批具有国际影响力的交流合作平台和重大项目，充分发挥每个片区的能动优势和区域教育资源的辐射引领作用，努力讲好“上城故事”，不断提升对外开放能级，实现更高水平的开放融合，助推教育共同富裕。

上城教育将实施新一轮教育国际化行动计划，立足亚运主题推广和宋韵文化传播，打造区域教育对外交流合作品牌，推进“千校结好”“百校结对”行动，增加结对国外境外友好学校数量；积极推进海外教师研训中心、戏剧与体艺课程建设，做优阳光学校合作基地、华文教育基地学校、长三角国际理解教育联盟，向国外输出上城优秀课程和品牌教材，开阔师生国际视野，提升师生跨文化素养；充分发挥“上城教育智库”的咨政汇智作用，加大上城优质学校与国内外知名高校的合作办学力度，进一步加大“名师名校长论坛”“上城学术节”“教育国际周”等品牌的辐射力，扩大区域教育的国际影响力；以“互联网＋教育”工程、山海协作、东西部扶贫协作等为契机，深入推进“四同步共享”理念，打造线上线下“优质教育共同体”，加强与对口支援地区的交流合作，促进教育优质均衡发展共富共赢。

共同富裕从战略构想走向伟大实践。党的二十大报告指出：“我们要办好人民满意的教育。全面贯彻党的教育方针，落实立德树人根本任务，培养德智体美劳全面发展的社会主义建设者和接班人。加快建设高质量教育体系，发展素质教育，促进教育公平。”上城教育坚持以习近平新时代中国特色社会主义思想为指导，全面贯彻党的教育方针，以名校集群为载体，以提高办学质量和促进教育均衡为重点，以人民满意和改革创新为动力，以协同治理和数智赋能为保障，全力打造优质均衡、人民满意的美好教育引领区，奋力当好高质量发展建设共同富裕示范区的教育排头兵，为全面建成社会主义现代化强国、实现第二个百年奋斗目标、推进中华民族伟大复兴贡献上城智慧。

参考文献

［1］张伟．名校文化的区域生长与学校品牌的集群发展［J］．教育科学论坛，2015（03）：5-8.

［2］雷晓庆．名校集团化办学的冲突与调适——基于冲突理论的审视［J］．当代教育科学，2021（10）：68-74.

［3］俞明雅．基础教育集团化办学的实践困境与破解策略——基于江苏省的调研分析［J］．中国教育学刊，2020（11）：13-19.

［4］姜显臣，刘学智．新时代基础教育集团化办学的困境及其优化［J］．延边大学学报（社会科学版），2020，53（06）：132-138，144.

［5］张爽．超越边界：学校组织场域变革的理论与实践［M］．北京：教育科学出版社，2020.

［6］杨旭．基础教育国际化发展的实践成果与路径探索［J］．辽宁教育，2021（04）：67-68.

［7］陆云泉，刘平青．北京市海淀区教育集团化办学的实践与思考［J］．教育研究，2018，39（05）：154-159.

后　记

⊙

教育优质均衡发展是一项没有终点的民生工程，不断满足人民群众对高水平、高质量教育的美好需求更是共同富裕下的教育本质要义。上城教育为推动更公平、更有质量的教育，立足区域实际，积极探索“名校集群”的优质教育新路径，极大提高了优质教育资源覆盖率，快速提升了区域整体教育质量。

我们立足继承发展的变革思路，在总结上城名校集团化战略发展历史的基础上，以内生式、借力式、跨界式和融创式为主要方式，系统梳理了“名校新校”“院校合作”“跨学段校”等十种名校集群办学模式，全面介绍了上城教育通过资源重构、制度重塑、数字赋能等运作机制和推进策略，把教育发展同满足人民美好生活需要紧密结合起来的实践探索，充分展现系统性思维推进教育共同富裕的上城行动，为浙江高质量发展建设共同富裕示范区贡献上城样板。

本书是杭州市上城区教育局党委书记、局长项海刚主编的“上城教育高质量发展系列丛书”中的一本，曹婕、沈琳、王世美、余黎明等领导对本书的撰写给予了指导。上城区教育局党委委员、义务教育科科长赵坤负责书稿的总体设计和各章节具体内容的安排，贾海英、黄小波负责全书的统稿，贾海英负责协调编写过程中的有关事务。各章节作者分别如下：第一章毛一兰、陈蓓、刘从梅，第二章贾海英、张兰仙，第三章董贵虎、贾海英，第四章刘珂羽、章彦婷、沈华、章森梅、鲍佩华、应科，第五章周红娟、张兰仙、张扬、杨澜、上官晓军，第六章沈平、刘晓美、童文俊、宋惠平、应科，第七章陈丽丽、楼翀、郑琳、金玮、夏春，第八章方卫成、陈天伟。在梳理、总结与提炼过程中，我们得到了许多专家、领导和教师的支持，浙江省关工委副主任、浙江省教育厅原副厅长张绪培，杭州市教育科学研究所原所长施光明副教授，上城区教育学院院长王莺特级教师，上城区教育学院副院长庞科军教授等都提出了宝贵建议。杭州市教育科学研究所原所长施光明副教授参加了书稿提纲的讨论，对全书框架的完善提出了许多建设性的意见，并对书稿进行了修改。上城区教育局综合教育科王官林、义务教育科潘江儿，杭州师范大学第一附属小学徐雪峰，杭州采荷第三小学教育集团周建芬，杭州市澎致小学尹红岩，杭州市景芳中学陈金兵等为本书提供了写作思路，辖区内相关中小学、幼儿园提供了翔实的实践资料。在此，谨一并表示诚挚的谢意！

我们希望本书能为区域谋求基础教育优质均衡发展的共同富裕提供一定的参考。同时，我们也深知，区域基础教育优质均衡发展是一项综合性系统工程，需要久久为功。从这个意义上来说，本书只是我们的一项阶段性实践成果，书稿中许多未涉及的问题，还有待今后持续探索与深化。

共同富裕是新时代教育发展的全新命题。以名校集群为支点，撬动基础教育高质量优质均衡发展，是上城区打造教育共同富裕城市发展样板的在地化行动。限于我们的能力与水平，本书一定存在疏漏和不足之处，敬请各位读者不吝赐教。让我们共同努力，做好名校集群建设工作，推动教育共同富裕，答好“强国建设、教育何为”这一时代课题。

编者

2022 年 11 月于杭州